G 3110
3. Mc.

G   3340

PETIT ATLAS

DE TOUTES LES PARTIES DU MONDE,

CONTENANT

LES DÉCOUVERTES DES VOYAGEURS MODERNES ET L'ÉTAT GÉOGRAPHIQUE
DE L'EUROPE, D'APRÈS LES DERNIERS TRAITÉS DE PAIX.

IMPRIMERIE DE FAIN, RUE DE RACINE, N°. 4, PRÈS DE L'ODÉON.

PETIT ATLAS

DE TOUTES LES PARTIES DU MONDE,

A l'usage de la Jeuneſse,

DESTINÉ AUSSI AUX PERSONNES QUI VEULENT ÉTUDIER LA GÉOGRAPHIE MODERNE, ET LIRE AVEC FRUIT
L'HISTOIRE DES DERNIERS SIÈCLES;

CONTENANT LES DÉCOUVERTES DES VOYAGEURS MODERNES ET L'ÉTAT GÉOGRAPHIQUE DE L'EUROPE, D'APRÈS LES DERNIERS
TRAITÉS DE PAIX.

CET ATLAS,

GRAVÉ AU BURIN PAR Bⁿ. TARDIEU, SUR LES DESSINS DE MM. POIRSON, HÉRISSON, ET AUTRES COLLABORATEURS DE LA GRANDE GÉOGRAPHIE
PUBLIÉE PAR MM. MENTELLE ET MALTE-BRUN,

EST PRÉCÉDÉ

D'UN PRÉCIS ÉLÉMENTAIRE DE GÉOGRAPHIE MODERNE

DES CINQ PARTIES DU MONDE, ET DE NOTIONS SUR LA SPHÈRE,

PAR MADAME **TARDIEU-DENESLE.**

TROISIÈME ÉDITION.

A PARIS,

CHEZ TARDIEU-DENESLE, LIBRAIRE, QUAI DES GRANDS-AUGUSTINS, Nᵒ. 37.

1820.

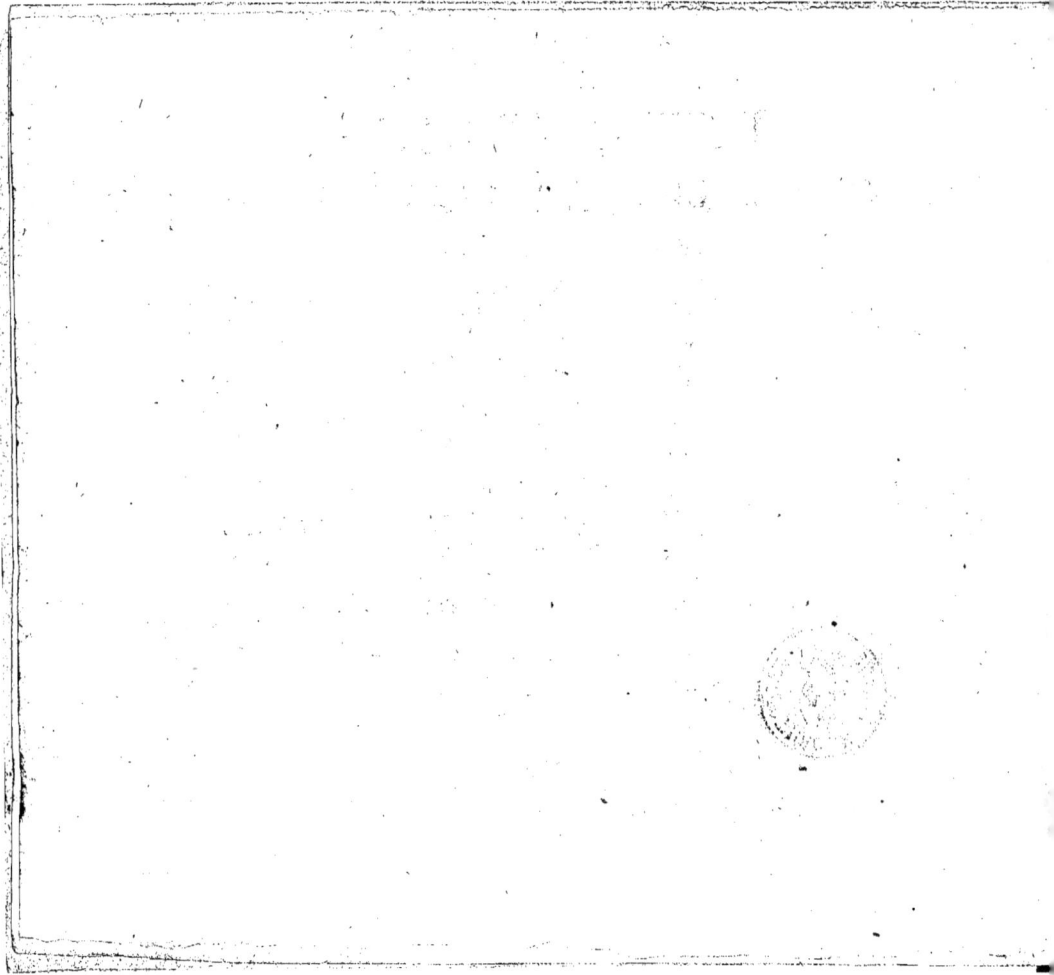

AVERTISSEMENT.

Les jeunes Personnes qui commencent à apprendre la Géographie s'attachent peu ordinairement à l'étude de cette science, parce que la lecture des livres élémentaires de Géographie est pour elles sans attraits. Effectivement, une nomenclature de noms de villes, bourgs, lacs, fleuves, rivières, montagnes; les degrés de longitude et de latitude de chaque lieu qu'on indique sans presque le décrire, doit être d'une lecture bien sèche pour des enfans que la nature ne semble point avoir destinés à l'étude des sciences.

J'ai rédigé ce petit Traité d'après les nouvelles connaissances géographiques; et les notions générales qu'il renferme, quelque abrégées qu'elles soient, peuvent, je crois, servir d'introduction à l'étude de la science qu'il a pour objet. Si, en préparant l'Élève à recevoir des leçons plus étendues, il l'intéresse assez pour lui faire naître le désir d'en apprendre davantage, j'aurai atteint le but que je me suis proposé.

La partie proprement appelée *Géographique* y est traitée d'une manière on ne peut plus succincte. Tout mon travail s'est borné à ne présenter que les grandes divisions du globe terrestre, les principales divisions des États, les fleuves, rivières et montagnes considérables, et les villes capitales. Immédiatement après ces articles, j'ai donné, avec un peu plus d'étendue, un aperçu du Caractère, des Mœurs et des Usages de chaque Peuple en particulier. Ces Notices, d'un intérêt varié, plairont, je l'espère, aux jeunes Demoiselles, pour qui je les ai écrites.

Les Notions sur la sphère, qui précèdent la Description du globe, sont tellement concises qu'on ne peut les regarder que comme des définitions des principaux termes de la *Géographie astronomique.*

Ce précis, n'étant point un ouvrage d'érudition, ne renferme aucune citation d'auteurs consultés; mais, pour rassurer les Personnes qui pourraient craindre que je n'eusse pas puisé dans de bonnes sources, il me suffira de citer ici MM. MENTELLE et MALTE-BRUN, dont les ouvrages feront époque dans l'histoire des progrès de la Géographie, et placent déjà leurs auteurs au premier rang des Géographes qui font honneur à la France.

PRÉCIS ÉLÉMENTAIRE

DE

GÉOGRAPHIE MODERNE.

DE LA GÉOGRAPHIE.

La Géographie est la description du globe terrestre. Pour bien étudier cette science, il faut la considérer sous trois points de vue, dont nous allons donner une idée succincte :

1°. La *Géographie astronomique*, ou la description de la terre, considérée par rapport au ciel, à sa forme et à sa dimension. Cette partie de la géographie apprend à tracer des lignes, des cercles et des degrés, au moyen desquels chaque point de l'espace est fixe et connu. On la nomme aussi *Géographie mathématique;*

2°. La *Géographie physique*, ou la description de la terre, considérée par rapport à la nature des substances qui la composent, telles que les divers sols et terrains. Elle examine la nature des productions des trois règnes minéral, végétal et animal. Elle y distingue les montagnes, les volcans, les vallées, les mers, les fleuves, les météores et les climats ;

3°. La *Géographie politique*, ou la description de la terre, considérée par rapport à ses habitans, à ses divisions, à la diversité des formes de gouvernement, des lois, des religions, des forces militaires, à la diversité des mœurs et à l'état de la civilisation.

Nous allons traiter d'une manière précise la *Géographie* astronomique, qui sera divisée en deux parties. La première traitera des corps célestes, et la seconde donnera une idée de l'application des cercles de la sphère au globe terrestre. Nous décrirons ensemble la Géographie physique et la Géographie politique; et, afin de rendre la lecture de ce petit Abrégé plus agréable à la jeunesse, chaque État sera suivi d'une courte notice sur le caractère, les mœurs et le costume du peuple qui l'habite.

GÉOGRAPHIE ASTRONOMIQUE.

L'ASTRONOMIE nous enseigne à connaître les corps célestes et le véritable système de l'univers.

Les savans varient sur l'origine de cette science. Les Égyptiens et les Chaldéens s'en disputent l'invention. Environ quatre mille ans avant Jésus-Christ, parmi les plus anciens astronomes chaldéens, on compte Zoroastre.

Les Grecs citent Ptolomée, qui, dans le deuxième siècle, donna un *Système du monde*. Ce système fut suivi jusqu'à celui de Copernic, qui parut en 1543, et dans lequel il démontra la fixité du soleil, le mouvement de la terre autour de cet astre, et le mouvement de la terre sur son axe. Ce système est aujourd'hui suivi généralement, surtout depuis que Newton a démontré la véritable loi des mouvemens planétaires.

Tycho-Brahé, qui fit un *Système du monde* qu'on ne suit point, a beaucoup observé : on lui doit la perfection de l'astronomie et les découvertes du dernier siècle.

Des Corps célestes.

Le soleil est le premier des corps célestes. Cette énorme masse de feu est environ 1,300,000 fois plus grande que la terre. Sa distance de cette planète est de 23,405 rayons de diamètre, dont chacun a 1,500 lieues. Le soleil éclaire onze planètes ou corps *errans*, qui se meuvent autour de lui : on les appelle *Mercure*, *Vénus*, la *Terre*, *Mars*, *Vesta*, *Junon*, *Cérès*, *Pallas*, *Jupiter*, *Saturne*, et *Uranus*.

Il y a quatorze satellites qui tournent autour de quatre de ces planètes, de la même manière que ces planètes tournent autour du soleil. Jupiter a quatre satellites, Saturne en a sept, Uranus en a deux, et la terre en a un, qui est la lune.

Le mouvement des planètes et leur opacité donnent lieu aux *phases* et aux *éclipses*, et c'est ce qu'on remarque particulièrement dans la lune, qui est plus proche de la terre.

Les *phases* de la lune sont les différentes figures sous lesquelles ce satellite nous apparaît successivement.

Les *éclipses* sont les époques où la terre prive la lune de la lumière du soleil, et où la lune en prive la terre à son tour. Les éclipses de lune sont beaucoup plus fréquentes que celles de soleil.

Il y a encore dans le système solaire une troisième espèce de corps; c'est celle des *comètes*, que l'on reconnaît facilement à une sorte de queue qui les accompagne. Le mouvement des comètes est irrégulier et compliqué.

2

Elles parcourent des orbites excessivement allongées, s'éloignent considérablement du soleil, et s'en rapprochent ensuite de très-près. Tous ces mouvemens empêchent les astronomes de calculer leur course, tantôt lente, et tantôt rapide.

Les *étoiles* sont des corps lumineux que l'on regarde comme autant de soleils. Quoiqu'on les appelle *étoiles fixes*, ce n'est pas qu'elles soient attachées à leur place, car elles se meuvent comme tous les corps suspendus dans l'espace; mais, en se mouvant, elles conservent toujours entre elles la même distance; et c'est ce qui fait qu'on les nomme *fixes*. Elles sont classées par groupes, qu'on appelle *constellations*.

Il y a douze constellations, qu'on appelle *signes*, et qui forment le zodiaque, ainsi nommé parce que la plupart de ces signes sont représentés par des animaux.

Les astres tournent autour de la terre, de l'est à l'ouest, en vingt-quatre heures, et les cercles qu'ils décrivent dans cet espace de temps sont parallèles l'un à l'autre. Ceux qui passent par le centre de la terre sont les plus grands. On appelle *pôles* les deux points qui conservent dans le ciel toujours la même position. Les astronomes imaginèrent la sphère, à travers laquelle ils passèrent une broche de fer, qu'ils nommèrent *axe*, et dont les deux extrémités aboutissent aux deux pôles.

Au 20 mars et au 23 septembre, le cercle décrit par le soleil est à une égale distance de deux pôles. Ce cercle divise la terre en deux parties égales : on l'appelle *équateur* ou *ligne équinoxiale*, parce que, quand le soleil y passe, il y a égalité de jour et de nuit pour toute la terre.

Depuis le 21 juin jusqu'au 22 décembre, le soleil s'élève de 23 degrés au-dessus de l'équateur; et, étant arrivé à ce point, il rétrograde vers le point d'où il est parti. Ces points se nomment les *solstices*. On représente les bornes de son cours annuel par deux cercles, nommés les *tropiques*. Le mouvement du soleil en vingt-quatre heures est d'environ d'un degré. On nomme *écliptique* le cercle qu'il parcourt ainsi par degrés. Ce cercle passe par les signes du zodiaque; il touche aux deux tropiques, et coupe l'équateur obliquement, en formant un angle de 23 degrés 28 minutes. On suppose dans le ciel deux points à égale distance de ce cercle, que l'on appelle les *pôles de l'écliptique*; les deux cercles *polaires* passent par ces deux pôles.

Pour faire connaître les points des équinoxes, des solstices et des pôles de l'écliptique, on ajoute deux autres cercles, qu'on appelle les *colures* : ils coupent l'équateur, les tropiques et les cercles polaires à angles droits. Pour marquer le milieu du cours journalier du soleil, on ajoute un autre cercle, que l'on appelle *méridien*. Ce cercle passe par les pôles de l'écliptique, et indique le lever et le coucher du soleil.

L'*horizon* est un autre cercle qui coupe le méridien à angles droits.

Il y a trois différentes positions de la sphère : la *sphère droite*, la *sphère parallèle* et la *sphère oblique*.

La sphère est droite lorsque l'équateur est élevé perpendiculairement au-dessus de l'horizon. Les peuples qui ont la sphère droite ont les jours égaux aux nuits pendant toute l'année.

La sphère est parallèle lorsque l'équateur se confond avec l'horizon, et sert lui-même d'horizon. Les peuples qui ont la sphère parallèle, supposé qu'il y en ait, ont l'année composée d'un jour et d'une nuit, qui sont chacun de six mois.

La sphère est oblique lorsque l'équateur est placé obliquement par rapport à l'horizon. Presque tous les habitans de la terre se trouvent placés entre l'équateur et les pôles : ils ont la sphère oblique et les jours inégaux aux nuits pendant toute l'année, excepté au temps des équinoxes, parce que tous les cercles diurnes, excepté l'équateur, sont coupés en parties inégales par l'horizon.

De la Sphère appliquée au Globe terrestre.

Afin de mieux figurer la terre, les géographes ont imaginé le globe, et lui ont appliqué les cercles de la sphère.

L'*axe* du globe est la broche de fer qui le traverse, et sur lequel il tourne. Les deux extrémités sont les *pôles*. On en connaît deux : le *pôle arctique*, qui se trouve au nord, et le *pôle antarctique*, qui est au midi.

Avant de décrire les *cercles*, il est nécessaire de savoir que le cercle se divise en 360 parties ou degrés, le degré en 60 minutes, et la minute en 60 secondes.

On distingue deux sortes de cercles, les *grands* et les *petits*. On appelle *grand cercle*, celui qui passe par le centre du globe, et le divise en deux parties égales ou deux hémisphères. Un *petit cercle* est celui qui ne passe pas par le centre du globe, et qui le partage en deux parties inégales. On compte six grands cercles et quatre petits.

L'*équateur* est un grand cercle qui partage le globe en deux hémisphères : ses pôles sont les mêmes que ceux du globe.

L'*horizon* est un grand cercle qui marque le lever et le coucher du soleil : il divise le globe en deux hémisphères, l'un supérieur, et l'autre inférieur. Les pôles de ce cercle sont appelés le *zénith* et le *nadir*. Le premier est directement au-dessus de notre tête, et le dernier directement sous nos pieds.

Le *méridien* est un grand cercle qui coupe l'équateur à angles droits ; il partage le globe en deux hémisphères, celui d'orient et celui d'occident. Quand le soleil a atteint le plan de ce cercle, il est parvenu au milieu de son cours journalier. On marque ordinairement sur le globe 24 méridiens, de manière qu'il s'en trouve un dans l'espace de 15 degrés comptés sur l'équateur.

Le *zodiaque* est un grand et large cercle qui coupe l'équateur obliquement, et sur lequel sont figurés les douze signes ci-après désignés. L'*écliptique* se trouve tracée au milieu de ce cercle. Le soleil ne s'en écarte jamais dans son cours annuel ; il parcourt 30 degrés par mois sur ce cercle.

Les douze signes du zodiaque sont :

1°. Le Belier ; 2°. le Taureau ; 3°. les Gémeaux ; 4°. l'Écrevisse ou le Cancer ; 5°. le Lion ; 6°. la Vierge ; 7°. la Balance ; 8°. le Scorpion ; 9°. le Sagittaire ; 10°. le Capricorne ; 11°. le Verseau, et 12°. les poissons.

Ils correspondent chacun aux 12 mois de l'année, à commencer par le mois de mars.

Les *colures* sont deux grands cercles qui se coupent à angles droits aux pôles du globe : l'un se nomme le *colure des équinoxes*, et passe par les points équinoxiaux du Belier et de la Balance; l'autre s'appelle le *colure des solstices*, et passe par les points solsticiaux du Cancer et du Capricorne.

Les *tropiques* sont deux petits cercles parallèles à l'équateur; l'un s'appelle le *tropique du Cancer*, il est au nord; et l'autre s'appelle le *tropique du Capricorne*, et il est au midi.

Les *cercles polaires* sont deux petits cercles éloignés des pôles du globe, de 23 degrés 28 minutes.

On divise le globe en cinq zones ou bandes : la zone *torride*, les deux zones *tempérées*, et les deux zones *glaciales*.

La *latitude* d'un lieu est sa distance par rapport à l'équateur. Pour trouver la latitude, il faut placer le lieu sous le méridien, et observer le degré de latitude qui s'y trouve marqué. Les degrés de latitude sont tous égaux; chacun équivaut à vingt-cinq lieues de France. On peut les compter depuis l'équateur jusqu'aux pôles. La latitude est septentrionale ou méridionale.

La *longitude* d'un lieu est sa distance par rapport au premier méridien. Pour trouver la longitude, il faut placer le lieu sous le méridien du globe, et observer sur l'équateur le degré de longitude qui s'y trouve marqué.

Les géographes placent à présent le premier méridien à la capitale de leur pays. Les Français placent le leur à Paris. Comme la longitude se compte du premier méridien, elle est orientale ou occidentale.

Les *points cardinaux* sont les points qui servent à s'orienter. On en compte quatre principaux, savoir :

1°. Le levant, l'est et l'orient sont le même point cardinal sous différentes dénominations. Il se trouve à droite de la carte.

2°. Le couchant, l'ouest et l'occident sont le même point cardinal. Il se trouve à gauche de la carte.

3°. Le nord, le boréal et le septentrion sont le même point cardinal. Il se trouve au haut de la carte.

4°. Le midi, l'austral et le sud sont le même point cardinal. Il se trouve au bas de la carte.

Aspect du Globe terrestre.

Le globe, vu dans son ensemble, présente de la terre et de l'eau. La surface de la terre connue n'est qu'un cinquième du globe. Le reste est mer connue et inconnue.

Les eaux qui environnent les continens s'appellent généralement *mers extérieures* ou Océan. Elles prennent, selon leurs places, des noms différens, savoir : *mer Glaciale* qui est située vers le pôle arctique; *grande mer*, ou *mer Orientale*, qui s'étend entre l'Asie et les côtes de l'Amérique; *mer des Indes*, qui baigne les côtes méridionales de l'Asie; *mer Pacifique*, ou *mer du Sud*, qui baigne les îles de la Polynésie vers l'équateur; et Océan proprement dit, qui s'étend le long de l'Europe et de l'Afrique.

GÉOGRAPHIE PHYSIQUE ET POLITIQUE.

LE globe terrestre se divise en cinq parties, savoir : l'Europe, l'Asie, l'Afrique, l'Amérique et la Polynésie.

La terre contient en totalité environ 630 millions d'habitans. Elle a 9,000 lieues de circonférence, et 3,000 lieues de diamètre. Sa distance moyenne au soleil est d'environ 30 millions de lieues.

L'Europe est la partie la moins étendue ; mais elle est une des plus peuplées, la plus civilisée, et celle où les sciences et les arts sont plus cultivés. On estime sa population à 180 millions d'habitans.

L'Asie est la partie du monde la plus peuplée. Elle nous procure les pierres précieuses, les épiceries, etc. Sa population est d'environ 350 millions d'habitans.

L'Afrique, dont l'intérieur n'est pas connu, est occupée par les Maures et les Nègres. Population, 70 millions.

L'Amérique, qui n'est connue que depuis l'an 1492, fut découverte par Christophe Colomb, envoyé par Ferdinand-le-Catholique, roi d'Espagne.

C'est de toutes les parties du monde celle où il y a le plus de minéraux. Population, 40 millions.

La Polynésie est composée des îles du grand Océan et de celles de l'océan Pacifique, la plupart nouvellement découvertes. Il aurait été difficile d'attribuer particulièrement ces îles à quelqu'une des autres parties du monde.

Population, environ 20 millions d'habitans, tant indigènes qu'étrangers, qui sont venus s'établir dans plusieurs de ces îles, dont un grand nombre est encore habité par des Sauvages et des Nègres.

Principes.

On divise le globe terrestre en deux parties ; l'eau et la terre.

Une mer est un grand assemblage d'eau salé.

Un détroit est une mer resserrée entre deux terres.

Un golfe est une quantité d'eau de la mer qui s'avance dans les terres sans perdre les communications avec la mer même.

Un lac est une grande étendue d'eau qui ne dessèche jamais, et qui n'a point de courant.

Un fleuve ne diffère d'une rivière qu'en ce qu'il parcourt une plus grande étendue de pays, et qu'il se jette dans la mer.

L'étang, ou vivier, est une eau qui vient d'une rivière ou d'une source, et qu'on retient par une chaussée ou par un autre moyen, et où l'on conserve du poisson.

Un marais est une eau peu profonde, qui se dessèche souvent par la chaleur du soleil.

Un continent est une grande étendue de pays contenant plusieurs régions qui ne sont pas séparées par les eaux de la mer.

Un promontoire, ou cap, est une élévation de terre qui avance dans la mer.

Une île est une terre environnée d'eau de tous côtés.

Une presqu'île est une terre environnée d'eau, à l'exception d'un seul endroit par où elle tient au continent.

L'isthme est une langue de terre resserrée et pressée entre deux mers, qui joint la presqu'île au continent.

EUROPE.

Cette partie du monde est bornée au nord par la mer Glaciale ; au sud, par la mer Méditerranée ; à l'est, par la mer Noire et l'Asie, et à l'ouest par l'Océan.

Son étendue est d'environ quatorze cents lieues du sud-est au nord-ouest, et neuf cents lieues du nord au sud.

Les États qui composent l'Europe sont : au nord, le Danemark, la Suède et la Norwége, la Russie et la Pologne, les îles Britanniques ; au centre, la Prusse, le grand-duché de Posen, le duché de Saxe ; le duché du Bas-Rhin, le Mecklembourg, la Hesse, la Saxe, le royaume de Hanovre, le royaume des Pays-Bas, le duché de Bade, les royaumes de Bavière et de Wurtemberg, l'empire d'Autriche, la Suisse, la France. Au sud, l'Espagne, le Portugal, l'Italie et la Turquie d'Europe. Sa population est évaluée à 180,000,000 d'habitans.

Les principales montagnes de l'Europe sont, les Pyrénées, les Alpes, les Apennins et les monts Krapachs.

Les principaux caps sont, le cap Nord, en Laponie ; le Finistère, en Espagne ; Saint-Vincent, en Portugal ; le cap Matapan, en Morée.

Les principales îles sont, dans la Méditerranée, la Corse, la Sardaigne, la Sicile, Malte, Candie, Chipre, l'Archipel de la Grèce, Majorque, Minorque et Iviça ; dans la mer Baltique, la Sélande et la Fionie ; dans l'Océan, la Grande-Bretagne, l'Irlande et l'Islande.

Les principaux détroits sont, le Sund, à l'entrée de la mer Baltique, entre le Danemark et la Suède ; le canal Saint-George, entre l'Angleterre et l'Irlande ; le Pas-de-Calais, entre la France et l'Angleterre ; le détroit de Gibraltar, entre l'Europe et l'Afrique, à l'entrée de la Méditerranée ; le Phare de Messine, entre la Sicile et l'Italie ; les Dardanelles, à l'entrée de la mer de Marmara ; et le canal de Constantinople, entre l'Europe et l'Asie.

Les golfes qu'on trouve en Europe sont, dans la mer Baltique, le golfe de Bothnie et celui de Finlande ; dans l'Océan, le golfe de Murray, au nord-est de la Grande-Bretagne, et le golfe de Biscaye, entre la France et l'Espagne ; dans la Méditerranée, le golfe de Lyon, au sud de la France ; le golfe de Gênes, le golfe de Venise, entre l'Italie et la Grèce, et le golfe de Lépante, entre la Grèce et la Morée.

Ses principaux fleuves sont, le Volga, le Don ou le Tanaïs, le Dniéper ou le Borysthène, le Rhône, le Danube et le Rhin.

Ses principaux lacs sont, le lac Ladoga et l'Onéga, en

Russie; le Veter et le Melo, en Suède; le lac Léman, entre la Suisse et la Savoie; le lac de Constance, en Allemagne; le lac Majeur et celui de Côme, en Italie.

Il y a trois grands volcans en Europe : l'Hécla, en Islande; le Vésuve, en Italie; et l'Etna ou Mont-Gibel, en Sicile.

ROYAUME DE FRANCE.

La France est bornée au nord, par le royaume des Pays-Bas, le grand-duché de Luxembourg, et le territoire bavarois, situé à la gauche du Rhin : à l'ouest, par la Manche et l'Océan; au sud, par les Pyrénées et la Méditerranée; et, à l'est, par les Alpes qui la séparent du Piémont. Sa population est estimée à 29,000,000 d'habitans.

Son étendue est de trois cent trente-cinq lieues de longueur du nord au sud, et de deux cent soixante de largeur de l'est à l'ouest.

Ses principales montagnes sont, les Pyrénées, les Alpes et les Cévennes.

Ses principaux fleuves et rivières sont, la Loire, la Seine, le Rhône, la Saône, la Garonne, la Meuse, le Rhin, la Somme, la Dordogne, la Charente, le Cher et l'Escaut.

La France produit en abondance tout ce qui peut servir aux besoins et aux délices de la vie.

Elle était anciennement distribuée en trente-deux gouvernemens, savoir :

1°. La Flandre française, dont la capitale était *Lille*, grande et belle place forte.

2°. L'Artois; *Arras*, capitale, sur la Scarpe.

3°. La Picardie, qui avait pour capitale *Amiens*, riche et recommandable par ses manufactures de laine.

4°. La Normandie; *Rouen*, capitale, sur la Seine, fameuse par le commerce qui s'y fait.

5°. L'Ile de France; *Paris*, sur la Seine, capitale de toute la France, et l'une des plus grandes et des plus belles villes du monde.

6°. La Champagne, dont la capitale était *Troyes*, sur la Seine.

7°. La Lorraine; capitale, *Nanci*, sur la Meurthe.

8°. L'Alsace; capitale, *Strasbourg*, sur l'Ill, près du Rhin. Cette ville fait un commerce considérable.

9°. La Bretagne; sa capitale était *Rennes*, sur la Vilaine.

10°. Le Maine, dont la capitale était le *Mans*, sur la Sarthe et la Mayenne.

11°. L'Anjou; capitale, *Angers*, sur la Sarthe.

12°. La Touraine; *Tours*, capitale, sur la Loire.

13°. L'Orléanais; *Orléans*, capitale, sur la Loire.

14°. Le Berri; *Bourges*, sur les rives de l'Auron et de l'Eure.

15°. Le Nivernais; capitale, *Nevers*, sur la Loire.

16°. La Bourgogne; capitale, *Dijon*, sur l'Ouche.

17°. La Franche-Comté; capitale, *Besançon*, sur le Doubs.

18°. Le Poitou; capitale, *Poitiers*, sur le Clain.

19°. L'Aunis; capitale, *la Rochelle*, port et jolie ville très-commerçante.

20°. La Marche; *Guéret*, capitale, près la Gartampe.

21°. Le Bourbonnais; capitale, *Moulins*, sur l'Allier.

22°. La Saintonge; *Saintes*, capitale, sur la Charente.

23°. Le Limousin; *Limoges*, capitale, sur la Vienne.

24°. L'Auvergne; capitale, *Clermont-Ferrand*.

25°. Le Lyonnais; *Lyon*, capitale, belle, grande et riche ville manufacturière, au confluent du Rhône et de la Saône. Il s'y fait un grand commerce.

26°. Le Dauphiné; *Grenoble*, capitale, sur l'Isère.

27°. La Guyenne; *Bordeaux*, capitale, riche et grande ville, avec un très-beau port sur la Garonne. Il s'y fait un commerce considérable.

28°. Le Béarn; capitale, *Pau*, près du Gave.

29°. Le comté de Foix; capitale, *Foix*, sur l'Arriége.

30°. Le Roussillon; *Perpignan*, capitale, sur le Tet.

31°. Le Languedoc; *Toulouse*, capitale, sur la Garonne.

32°. La Provence; capitale, *Aix*, sur l'Arc.

Cette division a fait place à celle adoptée par l'assemblée constituante. On s'en sert aujourd'hui sous le nom de *départemens* : ils sont au nombre de quatre-vingt-six, compris dans le tableau suivant.

Presque tous les départemens tirent leurs noms des fleuves, des rivières ou des montagnes.

Nomenclature, par ordre alphabétique, des Départemens de la France, avec les Préfectures et Sous-Préfectures.

DÉPARTEMENS.	CHEFS-LIEUX de préfectures.	CHEFS-LIEUX de sous-préfectures.	DÉPARTEMENS.	CHEFS-LIEUX de préfectures.	CHEFS-LIEUX de sous-préfectures.
Ain.	Bourg.	Nantua, Trévoux.	Aube.	Troyes.	Arcis-sur-Aube, Nogent-sur-Seine, Bar-sur-Aube, Bar-sur-Seine.
Aisne.	Laon.	St.-Quentin, Vervins, Soissons, Château-Thierry.	Aude.	Carcassonne.	Castelnaudary, Narbonne, Limoux.
Allier.	Moulins.	Mont-Luçon, Gannat, La Palisse.	Aveyron.	Rhodès.	Espalion, Milhau, Saint-Afrique, Ville-Franche.
Alpes (Basses-).	Digne.	Barcelonnette, Castellaune, Forcalquier.	Bouches-du-Rhône.	Marseille.	Aix, Tarascon.
Alpes (Hautes-).	Gap.	Briançon, Embrun.	Calvados.	Caen.	Bayeux, Pont-l'Evêque, Lisieux, Falaise, Vire.
Ardèche.	Privas.	Tournon, l'Argentière.	Cantal.	Aurillac.	Mauriac, Murat, St-Flour.
Ardennes.	Mézières.	Rocroy, Sedan, Rhétel, Vouziers.	Charente.	Angoulême.	Rufec, Confolens, Barbezieux, Cognac.
Arriége.	Foix.	Pamiers, Saint-Girons.			

DÉPARTEMENS.	CHEFS-LIEUX de préfectures.	CHEFS-LIEUX de sous-préfectures.	DÉPARTEMENS.	CHEFS-LIEUX de préfectures.	CHEFS-LIEUX de sous-préfectures.
Charente-Inférieure.	Saintes.	La Rochelle , Rochefort, Saint-Jean-d'Angely, Jonsac , Mareunes.	Gironde.	Bordeaux.	Blaye , Libourne , la Réole , Bazas, Lesparres.
Cher.	Bourges.	Sancerre , St-Amand.	Hérault.	Montpellier.	Lodève, Beziers, Saint-Pons.
Corrèze.	Tulles.	Ussel, Brives.	Ille-et-Vilaine.	Rennes.	Saint-Malo , Fougères , Vitré, Rhédon, Montfort.
Corse.	Ajaccio.	Bastia , Corté , Calvi , Sartenne.	Indre.	Châteauroux.	Issoudun , la Châtre , le Blanc.
Côte-d'Or.	Dijon.	Châtillon – sur – Seine , Sémur, Beaune.	Indre-et-Loire.	Tours.	Loches , Chinon.
Côtes-du-Nord.	Saint-Brieux.	Lannion , Dinant, Loudéac, Guingamp.	Isère.	Grenoble.	La-Tour-du-Pin, Saint-Marcellin.
Creuse.	Guéret.	Boussac , Aubusson , Bourganeuf.	Jura.	Lons-le-Saulnier.	Dôle , Poligny , Saint-Claude.
Dordogne.	Périgueux.	Nontron , Sarlat, Bergerac, Riberac.	Landes.	Mont-de-Marsan.	Saint-Sever, Dax.
Doubs.	Besançon.	Beaume , St.-Hypolite, Pontarlier.	Loir-et-Cher.	Blois.	Vendôme, Romorantin.
Drôme.	Valence.	Die , Nyons , Montelimart.	Loire.	Montbrison.	Roanne, Saint-Étienne.
Eure.	Évreux.	Pont-Audemer , Louviers , Andelys, Bernay.	Loire (Haute-).	Le Puy.	Brioude, Issengeaux.
			Loire-Inférieure.	Nantes.	Savenay, Châteaubriant, Ancenis, Paimbeuf.
Eure-et-Loir.	Chartres.	Dreux, Châteaudun, Nogent-le-Rotrou.	Loiret.	Orléans.	Pithiviers , Montargis, Gien.
Finistère.	Quimper.	Brest , Morlaix , Châteaulin , Quimperlé.	Lot.	Cahors.	Figeac, Gourdon.
Gard.	Nîmes.	Alais, Uzès, le Vigan.	Lot-et-Garonne.	Agen.	Marmande , Nérac, Villeneuve-d'Agen.
Garonne (Haute-).	Toulouse.	Villefranche , Muret , Saint-Gaudens.	Lozère.	Mende.	Marvejols, Florac.
			Maine-et-Loire.	Angers.	Beaugé , Saumur, Beaupréau , Segré.
Gers.	Auch.	Condom , Lectoure ; Mirande, Lombès.	Manche.	Saint-Lô.	Valognes , Mortain , Avranches,Coutances.

3

DÉPARTEMENS.	CHEFS-LIEUX de préfectures.	CHEFS-LIEUX de sous-préfectures.
Marne.	Châlons-sur-Marne.	Reims , Sainte-Mene-hould , Vitry - sur-Marne , Éperuai.
Marne (Haute-). .	Chaumont.	Vassy, Longres.
Mayenne.	Laval.	Mayenne, Château-Gon-tier,
Meurthe.	Nanci.	Toul, Sarrebourg, Châ-teau-Salins, Lunéville.
Meuse.	Bar-sur-Ornain. . .	Commercy, Montmédi , Verdun.
Morbihan.	Vannes.	Pontivy, Ploërmel, Lo-rient.
Moselle.	Metz.	Briey, Thionville, Sar-guemines.
Nièvre.	Nevers.	Cosne, Châteauchinon , Clamecy.
Nord.	Lille.	Douay, Dunkerque, Ha-zebrouck , Cambray, Avesnes.
Oise.	Beauvais.	Clermont-Oise , Com-piègne, Senlis.
Orne.	Alençon.	Domfront , Argentan , Mortagne.
Pas-de-Calais. . . .	Arras.	Boulogne - sur - Mer , Saint-Omer, Béthune, Saint-Pol, Montreuil.
Puy-de-Dôme. . . .	Clermont.	Riom , Thiers , Ambert, Issoire.
Pyrénées (Basses-).	Pau.	Oléron , Mauléon , Bayonne, Orthez.
Pyrénées (Hautes-).	Tarbes.	Baguères, Argellès.

DÉPARTEMENS.	CHEFS-LIEUX de préfectures.	CHEFS-LIEUX de sous-préfectures.
Pyrénées - Orient^{les}.	Perpignau.	Ceret, Prades.
Rhin (Bas-).	Strasbourg.	Wissembourg, Saverne, Barr.
Rhin (Haut-). . . .	Colmar.	Altkirch , Délémont, Po-rentrui , Belfort.
Rhône.	Lyon.	Villefranche , Vienne.
Saône (Haute-). . .	Vesoul.	Belley, Gray, Lure.
Saône-et-Loire. . .	Mâcon.	Autun , Charoiles , Châ-lons-sur-Saône , Lou-hans.
Sarthe.	Le Mans.	Mamers , St.-Calais , la Flèche.
Seine.	Paris.	Saint-Denis, Sceaux.
Seine-Inférieure. . .	Rouen.	Le Havre , Yvetot, Diep-pe , Neufchâtel.
Seine-et-Marne. . .	Melun.	Coulommiers , Meaux , Fontainebleau , Pro-vins.
Seine-et-Oise. . . .	Versailles.	Mantes, Pontoise, Cor-beil , Étampes.
Sèvres (Deux-). . .	Niort.	Thouars , Parthenay, Melle.
Somme.	Amiens.	Abbeville , Doulens, Pé-ronne , Montdidier.
Tarn	Alby.	Gaillac, Castres, Lavaur.
Tarn-et-Garonne. .	Montauban.	Castel-Sarrasin, Moissac.
Var.	Draguignan. . . .	Grasse , Toulon , Bri-gnolles.
Vaucluse.	Avignon.	Orange, Carpentras, Apt.
Vendée.	Bourbon-Vendée. .	Les Sables - d'Olonne , Montaigu.

DÉPARTEMENS.	CHEFS-LIEUX de préfectures.	CHEFS-LIEUX de sous-préfectures.
Vienne.	Poitiers.	Loudun, Châtellerault, Montmorillon, Civray.
Vienne (Haute-).	Limoges.	Bellac, Saint-Yrieix, Roche-Chouart.
Vosges.	Épinal.	Neufchâteau, Mirecourt, St.-Dié, Remiremont.
Yonne.	Auxerre.	Sens, Joigny, Tonnerre, Avalon.

COLONIES FRANÇAISES.

Les colonies françaises sont : l'*île Saint-Domingue*, qui est au pouvoir des nègres révoltés ; la *Guadeloupe*; la *Martinique*; la *Guiane*, avec *Cayenne*; l'*île de Bourbon*, le *Sénégal*, *Pondichéry*, *Chandernagor*.

ILES PRÈS DES CÔTES DE FRANCE.

Les îles qui avoisinent la France, et qui sont soumises à sa domination, sont l'*île de Corse*, qui forme un département; les deux *îles Lérins*; les *îles d'Hyères*, qui dépendent du département du Var. Toutes ces îles sont situées dans la mer Méditerranée.

Les îles d'*Ouessant*, de *Belle-Isle*, de *Noirmoutiers*, l'*île Dieu*, l'*île de Rhé* et l'*île d'Oléron* sont situées dans l'Océan.

Caractère et mœurs des Français.

La plus grande partie de la nation française étant issue de familles gauloises, il n'est pas étonnant que les traces du caractère des anciens Gaulois subsistent encore aujourd'hui. Le caractère naturel du Français est donc tel que César a peint les Gaulois : prompts à se résoudre, ardens à combattre, impétueux dans l'attaque, et se rebutant aisément. César et d'autres auteurs anciens affirmaient déjà que de tous les barbares le Gaulois était le plus poli. Le Français est encore maintenant l'un des plus civilisés de tous les Européens.

Le génie, la bravoure et les mœurs publiques des Français sont suffisamment connus. Un noble orgueil est le trait dominant du caractère français, et c'est le premier peuple qui ait su tirer un aussi grand parti de l'esprit national qui l'anime, le soutient dans les revers, et le porte aux actions les plus courageuses.

Le Français est très-confiant : la prospérité le rend quelquefois présomptueux ; mais il n'y a point de peuple qui sache mieux supporter l'adversité. Les autres traits caractéristiques du Français sont, une gaieté naturelle et une grande vivacité, qui le font souvent réussir dans ses entreprises. La politesse, qui consiste dans la décence du langage et dans une douce aménité de mœurs, est le plus bel apanage du Français, et suppose un grand fonds de bonté d'âme chez la génération qui la possède. Toutes ces qualités réunies ont valu aux Français une réputation avantageuse chez toutes les nations. Le monde retentit de leurs exploits; leurs livres sont lus partout, et invitent au plaisir de parler leur langue et de connaître leurs grands hommes. Aucun genre de célébrité ne leur est étranger : philosophie, poésie, musique, peinture, agriculture, art militaire, vertus, tout leur a donné des grands hommes, et a concouru à la gloire de leur patrie.

Les Français, sans être de haute stature, sont en général bien proportionnés, dispos et très-actifs : ils sont peu sujets aux difformités du corps. Les femmes sont remplies de grâce, d'enjouement et de sagacité; et, sous l'apparence de la légèreté, elles sont plus attachées à leurs devoirs d'épouse et de mère, que les femmes de beaucoup d'autres pays.

Les principaux amusemens des Français sont, la danse, le spectacle, le jeu et la promenade. Leurs exercices gymnastiques sont, le cheval, la chasse à pied et à cheval.

Le costume des deux sexes est si connu, qu'il devient inutile d'en donner la description. En outre, la mode est si variable, qu'il est presque impossible de la décrire.

La religion catholique, apostolique et romaine, est la religion de la grande majorité des Français. Les autres cultes sont tolérés en France.

~~~~~~~~~~~~~~~~~~~

ROYAUME DES PAYS-BAS.

Ce royaume, formé en 1814 par le congrès de Vienne, est borné au nord et à l'ouest par la mer d'Allemagne, à l'est par les monarchies hanovrienne et prussienne, et au sud par la France. Il comprend trois parties distinctes : 1°. la *Hollande*; 2°. la *Belgique*; 3°. le *Grand-Duché*

de *Luxembourg*. Sa population est de 5,500,000 habitans. Sa longueur du nord au sud est d'environ 100 lieues, et sa largeur de l'est à l'ouest de 50 lieues.

Ses principales rivières sont la Meuse, le Rhin, l'Escaut, la Lys, la Scarpe, la Dyle et la Sambre.

LA HOLLANDE.

La Hollande se divise en neuf provinces; savoir : 1°. la Hollande; 2°. la Zélande; 3°. le Brabant septentrional; 4°. Utrecht; 5°. Gueldre; 6°. Over-Yssel; 7°. Groningue; 8°. la Frise; et 9°. la Drente.

Provinces.	*Chefs-Lieux.*
Hollande.	Amsterdam et la Haye.
Zélande.	Middelbourg, dans l'île de Valcheren.
Brabant septentrional.	Bois-le-Duc.
Utrecht.	Utrecht.
Gueldre.	Arnheim.
Over-Yssel.	Zwoll.
Groningue.	Groningue.
Frise.	Leeuwarden.
Drente.	Assen.

La Haye est la capitale de tous les Pays-Bas, et Amsterdam est celle de la province de Hollande.

LA BELGIQUE.

La Belgique comprend huit provinces; savoir : 1°. la Flandre occidentale; 2°. la Flandre orientale; 3°. Anvers; 4°. le Hainaut; 5°. le Brabant méridional; 6°. Liége; 7°. Limbourg; et 8°. Namur.

Provinces.	Chefs-Lieux.
Flandre occidentale.	Bruges.
Flandre orientale.	Gand.
Anvers.	Anvers.
Hainaut.	Mons.
Brabant méridional.	Bruxelles.
Liége.	Liége.
Limbourg.	Maestricht.
Namur.	Namur.

La capitale de la Belgique est Bruxelles, belle et riche ville sur la Senne.

GRAND-DUCHÉ DE LUXEMBOURG.

Ce duché, qui fit partie du ci-devant département des Forêts, a été annexé au royaume des Pays-Bas, par le congrès de Vienne, en échange des principautés de Nassau, Dillenbourg, Siégen, Hadamar et Dietz, qui ont été cédées à la Prusse. Sa capitale est Luxembourg, ville considérable et très-forte.

Caractère et mœurs des Hollandais et des Belges.

Les Hollandais se font remarquer par une excessive propreté ; ils sont aussi laborieux qu'industrieux et patiens. Ce n'est que par un travail assidu et pénible, qu'ils parviennent à entretenir leurs digues, à creuser et à nettoyer leurs canaux, à dessécher leurs marais, à défricher les landes et les dunes, à multiplier leurs bestiaux, à en retirer de gros produits, à se procurer des pêches abondantes de harengs, de morues et de baleines, et à construire leurs innombrables flottes avec lesquelles ils naviguent sur leurs canaux et parcourent toutes les mers. Les difficultés enflamment leur courage lorsqu'un gain assuré leur en promet la récompense, et ils sont capables de tous les efforts pour défendre ce qu'ils ont acquis. Le Hollandais est flegmatique ; une lente persévérance fait le fond de son caractère. Les riches y aiment les tableaux, les gravures, les livres, les collections d'histoire naturelle, etc.

Les habitans de la campagne ont l'esprit lourd ; les marins sont brusques, francs, sans bienveillance ni affection ; tous passent une partie de leur vie à fumer, occupation rendue nécessaire par l'humidité du climat et l'usage de la bière. Leurs formes extérieures sont en général mal dessinées ; ils sont petits, leurs visages n'offrent point de traits délicats, surtout dans les villages. L'épaisseur, le peu de salubrité de l'air et les alimens en sont les principales causes. Téniers a peint au naturel les gens du peuple de cette contrée.

Aucune nation n'égale le Hollandais dans la science du commerce. Son économie lui procure promptement de l'aisance et des richesses. La Hollande a donné le jour à plusieurs savans et littérateurs illustres : Erasme, Grotius, Boerhaave, etc. Elle a fourni à l'école flamande beaucoup d'excellens peintres.

Les Belges sont actifs, industrieux et bons soldats. La plus grande propreté règne dans leurs villes et dans leurs maisons. Ils sont en général francs et loyaux. On parle dans le royaume des Pays-Bas trois langues principales : le français, qui est très-répandu surtout dans la Belgique; le hollandais, qui est un dialecte de l'allemand, et le flamand.

SUISSE, ou RÉPUBLIQUE HELVÉTIQUE.

Elle est bornée au nord et à l'orient par l'Allemagne; au midi, par l'Italie; à l'occident, par la France.

Le Rhin et le Rhône y prennent leur source, aussi-bien que l'Aar, le Russ, le Tésin et l'Inn. Le territoire de la Suisse est divisé en vingt-deux cantons, qui sont ceux de Bâle, Soleure, Berne, Vaud, Fribourg, Neuchâtel, Argovie, Genève, Valais, Lucerne, Schaffouse, Zurich, Zug, Schwitz, Glaris, Underwald, Uri, Tessin, Thurgovie, Saint-Gall, Appenzell et celui des Grisons. Chaque canton est en particulier une république distincte, qui, toutes réunies, forment une république fédérative. Une diète annuelle, présidée par un landamman, dont le pouvoir ne dure qu'un an, règle tout ce qui concerne les affaires générales de la confédération.

Les villes principales de la Suisse sont : Berne, Zurich et Lucerne, où se tient successivement la diète, et Genève, ville célèbre pour avoir vu naître J.-J. Rousseau, de Saussure, Euler, Necker, etc.

Mœurs et caractère des Suisses.

Les Suisses sont braves, hardis, industrieux, fidèles et animés d'un zèle ardent pour la liberté de leur pays. Ils sont de belle taille, forts et robustes. Retirés au milieu des montagnes, en quelque sorte séparés des nations qui les avoisinent, ils ont su se conserver long-temps avec des mœurs simples et pures. Peu leur suffit; leur vie est en général pleine de frugalité : leurs mets les plus ordinaires sont le lait, le beurre et le fromage. Cependant les habitans des villes, surtout de Fribourg, de Soleure et de Berne, ont pris la plupart les manières françaises. Les Suisses sont brusques et emportés, mais ils ne sont pas méchans. Ils aiment leur patrie, et néanmoins ils ont toujours eu l'habitude de s'engager au service des princes étrangers, parce qu'ils aiment la guerre, et que chez eux il est presque humiliant de n'avoir pas été soldat.

Les femmes suisses sont assez jolies, laborieuses, économes et modestes; elles se plaisent à faire régner le bonheur dans leurs maisons.

Les principaux amusemens des Suisses sont, les exercices militaires, la lutte, la course, le disque, l'arbalète et l'arquebuse. La danse n'y est permise que dans certaines occasions.

Le costume varie un peu dans chaque canton. Voici la mode la plus universelle.

Dans les campagnes, la plupart des hommes se couvrent la tête d'un chapeau de paille semblable à celui des femmes ; ils portent cependant aussi des chapeaux à trois cornes. L'habillement consiste principalement en un habit sans manches, d'un gros drap brun, et des chausses bouffantes de coutil, qui sont d'une extrême largeur.

Les femmes tressent leurs cheveux avec un ruban qui pend jusqu'au-dessous de la ceinture. Elles se coiffent d'un chapeau de paille plat et sans ornement, qui leur sied très-bien. Elles ont un corset de drap rouge ou brun sans manches, et une jupe noire ou bleue, bordée de rouge, qui est très-courte. Elles portent des souliers plats, et quelquefois des bas rouges.

Dans les villes principales de la Suisse, le costume est français pour les hommes comme pour les dames.

ALLEMAGNE,

ou CONFÉDÉRATION GERMANIQUE.

Ce grand pays est situé au milieu de l'Europe ; il est borné à l'est par la Hongrie et la Pologne, au nord par la mer Baltique et le Danemarck, à l'ouest par les Pays-Bas et la France. On le divisait anciennement en neuf cercles ; l'Autriche, le Bas-Rhin, la Bavière, la Haute-Saxe, la Franconie, la Souabe, le Haut-Rhin, la Westphalie et la Basse-Saxe. Plus de 300 souverains formaient cette confédération ; son gouvernement était monarchique-aristocratique. En 1806, tous les princes et les états du midi de l'Allemagne formèrent la confédération connue sous le nom de *Confédération du Rhin*. Cette confédération est aujourd'hui dissoute et remplacée par la *Confédération germanique*, composée : 1°. de l'empire d'Autriche, auquel sont annexés les royaumes de Bohème et de Hongrie ; 2°. du royaume de Prusse ; 3°. du royaume de Bavière ; 4°. du royaume de Saxe ; 5°. du royaume de Hanovre, qui appartient au roi d'Angleterre ; 6°. du royaume de Wurtemberg, du Grand-Duché de Bade, de la Hesse électorale, du Grand-Duché de Hesse, de plusieurs autres principautés, et enfin des villes libres de Lubeck, Francfort, Brème et Hambourg.

AUTRICHE.

L'empire d'Autriche est borné au nord par la Prusse ; à l'est, par la Bavière et la Saxe ; à l'ouest, par la Russie et la Pologne, et au sud, par la Russie et la Turquie d'Europe. Cet empire comprend la Bohème, la Hongrie, la Galicie, la Moravie, la Transylvanie, le Bannat de Temeswar, la Bukowine, la Silésie autrichienne, l'Autriche proprement dite, la Styrie, la Carniole, la Carinthie, Venise et les États Vénitiens sur la rive gauche de l'Adige ; les vallées de la Valteline, de Bormio et de Chiavenna ; le territoire dépendant de l'ancienne république de Raguse ; la partie de la Croatie située sur la rive droite de la Save, la Dalmatie, l'Istrie et les îles

Illyriennes. Les possessions de l'Autriche, en Italie, sont réunies sous le nom de royaume *Lombard-Vénitien*. La population des États Autrichiens, y compris les possessions de l'empereur d'Autriche en Italie, est évaluée à trente millions d'habitans.

Vienne, résidence des empereurs d'Autriche, est la capitale de tout l'empire autrichien et de la province appelée l'*Autriche* proprement dite. C'est une grande et belle ville, où le commerce et les manufactures sont en grande activité. La population de cette ville est de 250,000 habitans.

BOHÊME.

La Bohème est bornée au nord par la Misnie et la Lusace; à l'est, par la Silésie et la Moravie; au sud, par l'Autriche; et à l'ouest, par la Bavière.

Elle est séparée en deux par la rivière de la Moldau. Prague, belle, grande et forte ville, en est la capitale. On y remarque plusieurs beaux édifices.

Les principales rivières sont, la Morawa et l'Elbe.

Caractère et Mœurs des Bohémiens.

Les Bohémiens sont une race d'hommes extrèmement forts : ils sont beaux, bien faits, actifs, et paraissent descendre des Croates, un des plus beaux peuples voisins de la Turquie. Leur tête est un peu grosse; mais leurs épaules larges, et l'épaisseur de leur corps, rendent cette disproportion moins sensible. Ce sont, sans contredit, les meilleurs soldats de l'empereur d'Autriche. Ils supportent les incommodités de la guerre plus long-temps que les autres, et souffrent même la faim pendant un temps considérable. Leurs femmes sont jolies. La gaieté est la marque distinctive de ce peuple. Il était né pour la liberté; cependant il est enchaîné; il ne possède rien en propre. Les Bohémiens sont esclaves de la noblesse, qui jouit, dans l'oisiveté, de leurs travaux pénibles. Ce beau pays est loin d'être cultivé comme il pourrait l'être; et, sans les bienfaits d'une nature féconde, les habitans seraient dans une grande misère.

Ils aiment cependant ce pays, où ils ne trouvent que l'esclavage. Quoique leur inclination les porte à voyager, ils reviennent toujours habiter leurs montagnes. On les rencontre par petites caravanes, trafiquant de diverses marchandises, surtout de verreries. Ils vont jusqu'en Italie et en Angleterre.

Tant qu'ils sont en pays étranger, ils vivent en commun, comme frères.

L'habit et la veste de l'homme sont toujours bordés de fourrures. Le bonnet, qui se termine en pointe, est aussi bordé de la même manière. Les culottes sont assez amples, et les jambes sont bottées. Ce costume cependant est celui des gens à leur aise; car l'indigent est à peine couvert de haillons.

La jupe des femmes est un peu courte. Leur coiffure est une pièce de mousseline qui enveloppe leur tête; des fourrures garnissent les bords de la robe sur l'estomac, et entourent le cou.

HONGRIE.

On divise la Hongrie en haute et basse. La haute est entre la Pologne et le Danube. La basse est entre le Danube et la Save. Elle renferme encore l'Esclavonie, la Transilvanie et la Croatie autrichienne.

La capitale de la Hongrie est Presbourg, belle ville sur le Danube.

Caractère et Mœurs des Hongrois.

Les Hongrois, en général, sont extrêmement propres à la vie militaire. Les Croates surtout paraissent nés pour le service. Leur taille ordinaire est de cinq pieds et demi. Ils sont forts, légers, vifs, et ils peuvent supporter long-temps la faim et la soif. Il n'y a pas d'hommes mieux faits en Europe.

Ils habitent ordinairement six à sept familles sous le même toit. Ils sont extrêmement sobres. Le faste de la noblesse contraste singulièrement avec la simplicité des paysans; il n'y a point d'intermédiaire; ce sont la misère et l'opulence; et la Hongrie est pourtant un excellent pays. Là, comme en Bohème, le cultivateur n'est point le maître du champ qu'il ensemence.

L'habit de nos hussards ressemble beaucoup à celui des Hongrois. C'est effectivement chez ce peuple que nous avons pris l'idée de ce costume.

Les robes des dames sont ornées de festons et de dessins sur le devant et en bas. Elles portent sur leurs épaules une espèce de draperie garnie de fourrure.

PRUSSE.

Le royaume de Prusse est borné au nord par la mer Baltique; à l'est, par la Lithuanie et la Samogitie; au sud, par la Pologne, et à l'ouest, par le Brandebourg et la Poméranie.

La Prusse se divise de la manière suivante : 1°. la Prusse propre; 2°. le duché de Posen; 3°. le duché de Silésie; 4°. le grand-duché de Brandebourg; 5°. le duché de Poméranie; 6°. le duché de Saxe; 7°. le duché de Munster; 8°. le grand-duché du Bas-Rhin; 9°. le grand-duché de Clèves et de Berg.

La population de tous les états prussiens réunis est d'environ 12 millions d'habitans.

Berlin, capitale de tout le royaume de Prusse, est située dans le grand-duché de Brandebourg. On y compte 150,000 habitans.

BAVIÈRE.

Ce royaume est borné au nord par la Saxe; à l'est par l'empire d'Autriche; au sud, par le royaume d'Italie, et à l'ouest, par celui de Wurtemberg.

Le principal fleuve est le Danube; les rivières principales qui arrosent ce pays sont, l'Inn, l'Iser et le Lech.

La population de ce royaume s'élève à près de trois millions d'habitans.

La Bavière est divisée en dix cercles, ainsi qu'il suit :

4

Noms des Cercles.	Chefs-Lieux.
1°. Mein	Baireuth.
2°. Rezat	Anspach.
3°. Regen	Ratisbonne.
4°. Haut-Danube	Eichstadt.
5°. Bas-Danube	Passau.
6°. Iller	Kempten.
7°. Iser	Munich.
8°. Salza	Salzbourg.
9°. Aschaffenbourg	Aschaffenbourg.
10°. Wurzbourg	Wurzbourg.

La capitale de la Bavière est Munich, l'une des plus belles villes d'Allemagne; elle a 48,000 habitans.

SAXE.

Le royaume de Saxe est borné au nord et à l'est par le duché de Saxe, appartenant au roi de Prusse; au sud, par la Bohème, et à l'ouest, par les petites principautés de la maison de Saxe.

Par suite des changemens survenus en 1814, la majeure partie des états du roi de Saxe passa sous la domination du roi de Prusse.

Les états actuels du roi de Saxe sont principalement formés par la Misnie, le cercle d'Etzeburge et une partie du Voigtland; ils ont environ cinquante lieues de longueur sur trente dans la plus grande largeur.

La capitale du royaume de Saxe est Dresde, sur l'Elbe, où le roi fait sa résidence : c'est une ville belle et grande, qui a 60,000 habitans.

HANOVRE.

Le royaume de Hanovre est situé au nord-ouest de l'Allemagne. Il est borné à l'ouest par la mer du Nord; à l'est, par la Prusse; au nord, par le Holstein, et au sud, par le grand-duché du Bas-Rhin. Il a environ 75 lieues de l'est à l'ouest, sur 60 du nord au sud.

Ce pays formait autrefois l'électorat de Hanovre, et appartenait au roi d'Angleterre. En 1803, les Français s'en emparèrent, et l'incorporèrent au royaume de Westphalie; mais, en 1814, il fut érigé en royaume par le congrès de Vienne, et restitué à l'Angleterre, qui y entretient un gouverneur-général.

Ce royaume est divisé en six parties principales, savoir : 1°. la principauté d'Ost-Frise; 2°. l'évêché d'Osnabruck; 3°. le duché de Brême; 4°. le duché de Lunebourg; 5°. la principauté de Calenberg, ou le Hanovre proprement dit, et 6°. la principauté de Hildesheim. Toutes ces possessions réunies forment environ une population de 1,200,000 habitans.

Hanovre, sur la Leine, est la ville capitale de tout le royaume, et a 25,000 habitans.

WURTEMBERG.

Ce royaume est borné au nord, au sud, à l'ouest par le grand-duché de Bade, et à l'est, par le royaume de Bavière.

Cet état fut érigé en royaume en 1806. Sa population est d'environ 1,302,000 habitans.

Il est divisé en douze cercles, de la manière suivante :

Noms des Cercles.	Chefs-Lieux.
1°. Haut–Necker.	Rossweil.
2°. Moyen–Necker.	Rothembourg.
3°. Ens.	Louisbourg.
4°. Filtz et Remz	Goeppingen.
5°. Alpes.	Urach.
6°. Forêt–Noire.	Calw.
7°. Jaxt.	Ochringen.
8°. Danube.	Ulm.
9°. Rothemberg.	Stuttgard.
10°. Kocher.	Ellwangen.
11°. Bas–Necker.	Heilbron.
12°. Lac-de-Constance.	Weingarten.

Stuttgard est la capitale du royaume de Wurtemberg; elle est aussi la résidence du roi, et a 25,000 habitans.

GRAND-DUCHÉ DE BADE.

Cet état est formé du ci-devant margraviat de Bade, d'une partie du Palatinat, et comprend encore le comté de Boudort, les villes de Brunlingen, Villingen et Tuttlingen, une partie de l'évêché de Spire, du Brisgaw, de l'évêché de Constance, ainsi que les villes de Wimpffen, Zell, Offembourg, Gengembach, Biberach, Pfullendorf et Uberlingen.

Sa population est de 925,000 habitans.

Carlsruhe, capitale et résidence du grand-duc de Bade, est une ville commerçante, qui a 22,000 habitans.

HESSE-ÉLECTORALE.

Ce pays comprend l'ancien électorat de Hesse-Cassel et le comté de Hanau. Sa population est de 700,000 habitans.

Cassel, sur la Fulde, est la capitale de la Hesse-Électorale. C'est une belle ville, qui a beaucoup de manufactures. Sa population monte à 21,538 habitans.

GRAND-DUCHÉ DE HESSE.

Ce duché comprend les landgraviats de Hesse-Darmstadt et de Hesse-Hombourg, ainsi qu'une partie de l'évêché de Worms, de l'ancien département français du Mont-Tonnerre, et la ville de Friedberg.

La ville capitale du grand-duché de Hesse est Darmstadt : elle est la résidence du grand-duc. Sa population s'élève à 10,000 habitans. Elle a quelques beaux édifices et plusieurs manufactures.

VILLES LIBRES.

Francfort-sur-le-Mein, siége de la diète de la Confédération germanique. C'est une ville manufacturière, où se tient par an deux foires très - importantes. Sa population est de 40,000 habitans.

Hambourg, sur l'Elbe; grande, forte, belle et riche ville. Sa population est évaluée à 120,000 habitans. Elle a des manufactures en tout genre, et son commerce la fait regarder comme une des places les plus importantes de l'Europe.

Lubeck, sur la Trave, ville manufacturière et commerçante, située à 4 lieues de la mer Baltique. Sa population s'élève à 26,000 habitans.

Brême, ville sur le Weser, a des manufactures et un commerce considérable. Sa population est de 38,000 habitans.

Caractère et Mœurs des Allemands, en général.

La blancheur du teint, les cheveux d'un blond doré, les yeux bleus et la taille haute, pouvaient, du temps de Tacite, caractériser les Germains. Aujourd'hui ces traits nationaux sont bien effacés; le luxe a, de son côté, contribué à rapetisser ces tailles colossales, et à affaiblir ces robustes santés dont se vantait la Germanie antique. C'est en Hesse, en Westphalie, en Poméranie, en Hanovre et en Thuringe, qu'on retrouve le plus souvent les traits physiques des Germains.

Les Allemands sont en général braves, constans dans leurs affections, infatigables dans le travail, imperturbables dans le malheur, capables d'un très-grand enthousiasme. Ils ont prouvé que le génie des inventions ne leur manquait pas; mais ils ne tirent pas assez parti de leurs découvertes.

Les Allemands voyagent plus qu'aucun autre peuple européen; ils s'acclimatent partout. L'Europe et l'Amérique fourmillent d'Allemands.

La vie sociale en Allemagne tient beaucoup plus du goût anglais que de celui des Français. Le théâtre a aujourd'hui, pour les Allemands, des attraits irrésistibles; mais le goût dominant est gâté par un engouement aveugle pour tout ce qui est rommesque.

L'habillement des Allemands, au bonnet de fourrure près, est absolument l'ancien habit français.

Les jeunes élégans suivent les modes de France, et les dames s'habillent à la française, mais avec des grâces allemandes.

ROYAUME DE POLOGNE.

Il est borné au nord et à l'ouest par les états prussiens; au nord et à l'est, par les gouvernemens russes de Wilna, Grodno et par la Volhinie, et au sud, par la Gallicie. Ce royaume a 120 lieues du nord au sud dans sa plus grande longueur, et 90 de l'est à l'ouest dans sa plus grande largeur. En 1814, la Pologne fut placée sous la souveraineté de l'empereur de Russie, et fut divisée en huit waivodies ou gouvernemens, savoir : Masovie; Varsovie, chef-lieu : Cracovie; Mielhow, chef-lieu : Sandomir; Radom, chef-lieu : Podlaquie; Siedlec, chef-lieu : Augustow; Sulvalki, chef-lieu : Kalish; Plosck; Lublin. Ces huit waivodies renferment 39 arrondissemens et 77 districts.

Les principales rivières sont la Vistule, le Niémen, le Nièper, le Bug, la Warsa, le Niester et la Dwina.

Les montagnes les plus remarquables sont les Krapacks qui séparent la Pologne de la Hongrie.

Caractère et Mœurs des Polonais.

Les Polonais sont, en général, endurcis à la fatigue, courageux, honnêtes, généreux, bons soldats et surtout excellens cavaliers. Il y a cinquante ans qu'ils portaient généralement l'habit polonais, qui consiste en un long vêtement à manches serrées, recouvert d'un autre plus ample, dont les manches fendues jusqu'au parement, peuvent se rejeter par-derrière; sur cet habit ils portaient une ceinture plus ou moins riche; ils avaient la tête rasée, excepté sur le sommet qu'ils couvraient d'un bonnet de fourrures. Aujourd'hui on trouve dans les hautes classes très-peu d'hommes qui aient conservé l'ancien costume. Les vêtemens des paysans se rapprochent beaucoup, pour la coupe, de celui des gentilshommes; en hiver, ils portent des habits faits de peaux de mouton; ils sont presque toujours en bottes; dans quelques provinces, ils se dressent des brodequins d'écorce de tilleul.

La religion dominante est la catholique; mais on y tolère toutes les sectes chrétiennes.

On y souffre les Juifs qui y sont en assez grand nombre.

Outre la langue polonaise qui dérive du slavon, on y parle le russe, l'allemand et le lithuanien.

ILES BRITANNIQUES.

Les Iles Britanniques consistent en deux grandes îles et plusieurs petites : elles composent les royaumes d'Angleterre, d'Écosse et d'Irlande. Les deux premiers s'appellent la *Grande-Bretagne*, et le dernier porte le nom d'*Irlande*.

ANGLETERRE.

L'Angleterre s'appelait anciennement *Bretagne*, des Bretons qui l'habitaient; et *Albion*, à cause de la blancheur de ses côtes. Les *Angles*, qui s'y établirent au cinquième siècle, lui donnèrent le nom qu'elle porte aujourd'hui.

Ce royaume a environ 140 lieues de long sur 110 de large; il est borné au nord par l'Écosse, et entouré par la mer de tous les autres côtés.

Il y a dans ce pays peu de montagnes considérables, excepté dans la principauté de Galles.

Les principales rivières sont la Tamise, l'Humbert, la Saverne, la Twède, la Tyne, l'Ouse et la Medwey.

La population de l'Angleterre n'est que de neuf millions d'habitans.

La religion dominante est la religion protestante que l'on nomme *anglicane*, parce qu'on y a conservé la hiérarchie ecclésiastique et les ornemens sacerdotaux. Toutes les autres religions y sont tolérées.

L'Angleterre a eu la gloire de donner naissance à Nelson, Rodney, Marlborough, Newton, Milton et Shakespear.

On divise l'Angleterre en cinquante-deux provinces, *shires* ou comtés, dont douze pour la principauté de Galles, et quarante pour l'Angleterre proprement dite.

PRINCIPAUTÉ DE GALLES.

Elle se divise de la manière suivante, savoir :

Provinces.	Capitales.
Pembroke.	Pembroke.
Caermarthen.	Caermarthen.
Glamorgan.	Cardiff.
Brecnock.	Brecnock.
Radnor.	New-Radnor.
Cardigan.	Cardigan.
Montgomery.	Montgomery.
Merioneth.	Harlegh.
Caernarvon.	Caernarvon.
Denbigh.	Denbigh.
Flint.	Flint.
Ile d'Anglesey.	Beaumaris.

ANGLETERRE *proprement dite.*

Elle se divise ainsi qu'il suit :

Provinces.	Capitales.
Norfolk.	Norwich.
Suffolk.	Ipswich.
Cambridge.	Cambridge.

Provinces.	Capitales.
Hertford.	Hertford.
Middlesex.	Londres.
Essex.	Chelmsford.
Chester.	Chester.
Derby.	Derby.
Stafford.	Stafford.
Warwick.	Warwick.
Shrop.	Shrewsbury.
Worcester.	Worcester.
Hereford.	Hereford.
Montmouth.	Montmouth.
Glocester.	Glocester.
Oxford.	Oxford.
Buckingham.	Buckingham.
Bedfort.	Bedfort.
Huntingdon.	Huntingdon.
Northampton.	Northampton.
Rutland.	Oakham.
Leicester.	Leicester.
Nottingham.	Nottingham.
Lincoln.	Lincoln.
Kent.	Cantorbery.
Sussex.	Chichester.
Surrey.	Guildfort.
Hants.	Winchester.
Berks.	Reading.
Wilts.	Salisbury.
Dorset.	Dorchester.
Sommerset.	Bath.
Devon.	Exeter.
Cornouailles.	Launceston.
Northumberland.	Newcastle.

Provinces.	Capitales.
Cumberland.	Carlisle.
Westmorland.	Kendal.
Durham.	Durham.
Yorck.	Yorck.
Lancastre.	Lancastre.

La capitale de ce royaume est Londres, grande et belle ville, l'une des plus florissantes du monde; elle est sur la Tamise. Sa population est évaluée à 1,100,000 habitans.

Il y a en Angleterre deux célèbres universités, à Oxford et à Cambridge.

ÉCOSSE.

Cette contrée s'appelait autrefois la *Calédonie*; les Scots, ancien peuple, qui sont venus s'y établir, lui ont donné son nom. Elle a 110 lieues de long sur 60 de large. Elle est entourée par la mer au nord, à l'est et à l'ouest : au sud elle est bornée par l'Angleterre.

Les rivières les plus considérables sont le Tay, le Forth, la Spey et la Nyth.

La population de l'Écosse se monte à peu près à 2,000,000 d'habitans. La plus grande partie professe le calvinisme; les autres sont catholiques, quakers ou anabaptistes.

La langue qu'on parle dans les montagnes d'Écosse est dérivée du celtique. Dans les autres endroits, la langue anglaise est en usage

L'Écosse se divise en trente-trois provinces, savoir :

Provinces.	Capitales.
Aberdeen.	Aberdeen.
Ayr.	Ayr.
Angus.	Forfar.
Argyle.	Inverary.
Banff.	Banff.
Bute.	Rothsay.
Clacmannan.	Clacmannan.
Cromarty.	Cromarty.
Caithness.	Wick.
Dumbarton.	Dumbarton.
Dumfries.	Dumfries.
Edimbourg.	Edimbourg.
Five.	St.-André.
Haddington.	Haddington.
Inverness.	Inverness.
Kinross.	Kinross.
Kircudbright.	Kircudbright.
Lanerk.	Glasgow.
Linlithgow.	Linlithgow.
Méarns ou Kincardin.	Inverbervie.
Merse.	Dunse.
Murray ou Elgin.	Elgin.
Nairne.	Nairne.
Orkney.	Kirkwall.
Peebles.	Peebles.
Perth.	Perth.
Renfrew.	Renfrew.
Ross.	Taine.
Roxborough.	Jedbourg.
Selkirk.	Selkirk.

Provinces.	Capitales.
Stirling	Stirling.
Sutherland	Dornoch.
Wigtown	Wigtown.

Édimbourg, belle et considérable ville, est la capitale de l'Écosse. Elle a une université célèbre, et 103,560 habitans.

IRLANDE.

Cette île était connue des anciens sous le nom d'*Hibernie*. Elle est séparée de l'Angleterre par le canal de Saint-Georges, et de l'Écosse par un canal de cinq lieues. Elle a 95 lieues du long sur 54 de large. Sa population s'élève à 4,000,000 d'habitans, dont 3,000,000 catholiques.

Les principales rivières sont le Shannon, le Barow, le Blackwater et la Boyne.

L'Irlande est divisée en quatre provinces, l'Ulster, le Connaught, le Leinster et le Munster. Ces provinces sont subdivisées en trente-deux comtés, de la manière qui suit, savoir :

Province d'Ulster.

Comtés.	Capitales.
Tyrconnel ou Donnegal	Donnegal.
Fermanagh	Enniskilling.
Tyrone	Omagh.
Londonderry	Londonderry.
Antrim	Carrickfergus.
Down	Down-Patrick.

Armagh	Armagh.
Monaghan	Monaghan.
Cavan	Cavan.

Provinces de Leinster.

Comtés.	Capitales.
Longford	Longford.
West-Meath	Mullingar.
East-Meath	Trim.
Dublin	Dublin.
Wicklow	Wicklow.
Louth	Drogheda.
Kilkenny	Kilkenny.
Kildare	Kildare.
King's-Country	Philip's-town.
Queen's-Country	Maryborough.
Carlow	Carlow.
Wexford	Wexford.

Provinces de Connaught.

Comtés.	Capitales.
Galloway	Galloway.
Roscommon	Roscommon.
Mayo	Killala.
Sligo	Sligo.
Leitrim	Carrick-sur-Shannon.

Provinces de Munster.

Comtés.	Capitales.
Waterford	Waterford.
Cork	Cork.

Comtés.	Capitales.
Kerry.	Tralée.
Tipperary.	Cloumel.
Limmerick.	Limmerick.
Clare.	Clare.

La capitale de l'Irlande est Dublin, belle ville, bien bâtie sur la Liffey ; elle a 170,000 habitans et une université célèbre.

Caractère et mœurs des Anglais.

Les Anglais sont de haute stature et bien proportionnés. Ils sont naturellemens braves, adroits et pénétrans ; mais opiniâtres, orgueilleux, vindicatifs, et généreux par ostentation. La philosophie, la poésie mâle et féconde leur doivent beaucoup. Ce sont les meilleurs marins et les meilleurs négocians du monde ; et, sous l'influence de leur grand commerce, leurs manufactures sont devenues très-florissantes.

La religion dominante en Angleterre est le christianisme réformé. Plusieurs sectes y exercent publiquement leur culte.

Les Anglais aiment les assemblées, qu'ils nomment *clubs*, et les tavernes. Les femmes ne sont point admises dans ces réunions. Les deux sexes font peu société ensemble, et les mœurs ne peuvent qu'y gagner du côté des femmes ; car les hommes se livrent souvent dans leurs réunions aux excès de la boisson.

Les principaux amusemens des Anglais sont les courses de chevaux, la chasse au cerf et au renard, le spectacle, le jeu, la musique et la danse. Ce qu'il est surprenant de voir, chez une nation policée, c'est que les *boxeurs* et les combats de coqs sont les amusemens favoris des grands et des gens du peuple.

Les Anglaises ont en général une belle taille et le teint d'une blancheur éblouissante. Elles possèdent en outre beaucoup de vertus domestiques.

L'habillement des Anglais consiste dans la propreté et la simplicité, sans autre élégance que celle du drap et du linge le plus beau. En général, la parure d'un artisan ou d'un manufacturier, dans les jours de fêtes, est la mesure de son industrie et de ses mœurs.

Les Anglaises portent les cheveux longs et bouclés. Du reste, elles s'habillent comme les Françaises.

DANEMARK.

Le Danemark est borné au nord par le Catégat ; à l'ouest par la mer d'Allemagne, au sud par l'Allemagne et la Baltique, à l'est par le Sund qui le sépare de la Suède, et par la mer Baltique.

On le divise en deux parties, qui sont le Jutland,

5

appelé autrefois *Chersonèse Cimbrique*, et les îles de la mer Baltique.

La population du Danemark est de 1,500,000 habitans.

C'est dans l'île de Zélande, à l'entrée de la mer Baltique, que se trouve Copenhague, capitale du Danemark, belle et forte ville.

L'Islande, grande île montagneuse, de 12 lieues de long sur 73 de large, appartient au roi de Danemark, On y remarque un volcan appelé *Mont-Hékla*. Riekavik en est la ville capitale depuis 1805. Skalhot n'est plus qu'une ville épiscopale.

Mœurs et caractère des Danois et des Islandais.

Les Danois sont braves, pacifiques, peu entreprenans, mais laborieux et persévérans; modestes et orgueilleux; hospitaliers sans être officieux; gais et francs avec leurs compatriotes, mais un peu froids et cérémonieux envers les étrangers; plus économes qu'industrieux, observateurs judicieux, penseurs profonds, d'une imagination plus forte que riche, constans et jaloux dans leurs affections.

Les Danois sont en général d'une taille moyenne, bien faits, blonds, et d'une physionomie peu prononcée.

Les Danoises sont belles, et passent pour être de bonnes ménagères.

Les principaux amusemens des Danois sont les *clubs*, les spectacles, la musique et la danse.

L'habillement des Danois est tout-à-fait français.

Les Islandais sont, en général, de moyenne taille, bien faits, peu vigoureux : ils s'occupent particulièrement de la pêche et du soin de leurs troupeaux. Ils professent la religion luthérienne, et parlent l'ancienne langue runique. Ils s'habillent sans luxe, mais avec décence. Les étoffes grossières dont se revêt le peuple sont noires. Leurs habitations sont incommodes : un foyer, au milieu d'une pièce, est formé de quelques pierres, et la fumée sort par un trou du toit. Ils vivent de poisson sec, de beurre rance, d'un peu de viande, de petit-lait et de lait mêlé avec du petit-lait. Ils aiment beaucoup à réciter des vers, à lire les auteurs grecs et latins, et surtout à jouer aux échecs.

Ils font le commerce de poissons secs, de viande salée, de beurre, de suif, d'huile de baleine, de peaux et de fourrures.

SUÈDE.

Elle est bornée au nord par la mer Glaciale; à l'ouest par la Norwège, le Catégat et le Sund; au sud par la mer Baltique, et à l'est par la Russie d'Europe.

On divise la Suède en quatre parties : la Laponie suédoise, la Suède propre, la Gothie et la Bothnie.

Ses principales rivières sont le Tornéa et la Luléa.

Ses lacs les plus remarquables sont le Wener et le Meler.

La capitale de la Suède est Stockholm, grande ville forte, avec un port.

Caractère et mœurs des Suédois.

On trouve une grande variété de caractères parmi le peuple suédois; et ce qu'il y a de particulier en lui, c'est qu'il en a changé dans différens siècles. Aujourd'hui les paysans paraissent être une race d'hommes pesans, robustes et endurcis au travail, bornant toute leur ambition à avoir soin de leurs familles. La classe marchande est à peu près de même. Tous en général montrent beaucoup d'application et de persévérance dans ce qu'ils entreprennent.

La bravoure, la politesse et l'hospitalité sont le caractère distinctif de la noblesse et de la haute bourgeoisie. Ils ont un sentiment délicat de l'honneur et se montrent fort jaloux des intérêts de leur nation.

La mise, les exercices et les divertissemens sont à peu près les mêmes que ceux des Danois. Les gens du bon ton raffolent des goûts et des modes françaises.

Les femmes du peuple conduisent la charrue, battent en grange, manient la rame, servent les maçons, portent des fardeaux, et font tous les gros ouvrages de l'agriculture.

La plus grande partie des maisons en Suède est bâtie en bois; c'est ce qui a donné lieu à une très-grande quantité d'incendies.

NORWÈGE.

Depuis 1743 la Norwège appartenait au roi de Danemark; mais en 1814 il a cédé ce royaume à la Suède, qui en échange lui a donné le duché de Lawenbourg.

Ce pays est borné au nord par la mer Glaciale, à l'ouest par la mer du Nord, au sud par le Catégat, à l'est par la Suède, et au nord-est par la Russie.

La Norwège est divisée en cinq grands gouvernemens, qui sont : 1°. Wardhus; 2°. Drontheim; 3°. Berghen; 4°. Christiansand; 5°. Aggerrhus. Population, 950,000 habitans.

La rivière la plus considérable est le Glammer.

La capitale de la Norwège est Christiana.

Mœurs et caractère des Norvégiens.

Leurs mœurs sont simples et douces; ils sont tous artisans industrieux, occupés des métiers les plus utiles, ou faisant le commerce de bois de construction, pelleteries, poissons secs et métaux. Ils prennent en échange des blés, des verreries et d'autres marchandises d'Europe. Une douce aisance, la force de leur tempérament et leur sobriété leur procurent une vie très-longue. Ils sont luthériens, et leur langue est dérivée de la teutonique.

RUSSIE.

Cet Empire renferme la Russie d'Europe ou Moscovie et la Russie d'Asie. Il est borné au nord par la mer Glaciale; à l'occident par la Suède, la mer Baltique, la Prusse, le nouveau royaume de Pologne et les États autrichiens; au midi par la Turquie d'Europe et la mer Noire, la Tartarie indépendante et la Tartarie chinoise; et à l'orient par l'Océan Pacifique.

Le climat de ce vaste pays est nécessairement très-varié; au nord le froid est excessif, l'hiver dure dix mois; au centre la température est modérée, et au midi l'hiver est court et de peu de durée; l'été y est presque toujours brûlant.

Nous allons donner la description de la Russie d'Europe; on trouvera la description de la Russie d'Asie lorsqu'il sera question de l'Asie.

RUSSIE D'EUROPE.

Ce pays faisait partie de la *Sarmatie* européenne; les *Ruthéniens*, ancien peuple qui y habitèrent, lui ont donné le nom de Russie. Sa longueur est de 650 lieues, et sa largeur de 350 lieues. On évalue sa population à 53,000,000 d'habitans.

Ses principales rivières sont : le Volga, le Dniéper, ou *Borystène*, la Duna, le Don, qu'on nommait autrefois le *Tanaïs*, et la Dwina.

Les plus grands lacs sont ceux de Ladoga, d'Onéga, de Czucko ou Peipus, d'Ilmen et de Biela-Osero, c'est-à-dire le Lac-Blanc.

On divise la Russie d'Europe en quarante-huit gouvernemens, savoir :

Gouvernemens.	Capitales.
Arkangel.	Arkangel.
Olonetz.	Petrozawodsk.
Finlande.	Abo.
Wibourg.	Wibourg.
Revel.	Revel.
Riga.	Riga.
Pétersbourg.	Pétersbourg.
Pskow.	Pskow.
Nowogorod.	Nowogorod.
Wologda.	Wologda.
Perm.	Perm.
Twer.	Twer.
Jaroslaw.	Jaroslaw.
Kostroma.	Kostroma.
Viatka.	Viatka.
Smolensk.	Smolensk.
Moscow.	Moscow.
Wladimir.	Wladimir.
Nischgorod.	Nischgorod.
Kasan.	Kasan.
Simbirsk.	Simbirsk.
Oufa.	Oufa.
Kalouga.	Kalouga.
Toula.	Toula.

Gouvernemens.	Capitales.
Riazan.	Riazan.
Penza.	Penza.
Tambof.	Tambof.
Saratof.	Saratof.
Nowogorod-Seversky.	Nowogorod-Seversky.
Orel.	Orel.
Koursk.	Koursk.
Woronesch.	Woronesch.
Tchernikow.	Tchernikow.
Kharkow.	Kharkow.
Kherson.	Kherson.
Kiew.	Kiew.
Tauride.	Simféropol.
Caucase.	Astrakhan.
Géorgie ou Gurgistan.	Téflis.
Daghestan.	Tarkou.
Witepsk.	Witepsk.
Mohilew.	Mohilew.
Courlande.	Mittau.
Vilna.	Vilna.
Bielsk.	Bielsk.
Minsk.	Minsk.
Volhinie.	Zitomirse.
Podolie	Kaminiec.

La capitale de la Russie d'Europe est St.-Pétersbourg, grande et belle ville sur la Newa, très-importante pour le commerce. Sa population s'élève à 230,000 habitans.

Caractère et mœurs des Russes.

Les Russes sont en général plutôt petits que grands. Quoique leurs proportions ne soient rien moins que belle, il est rare d'en voir de contrefaits, ce qui provient de l'ampleur de leur habillement, et de ce qu'ils font beaucoup d'exercice. L'ensemble de la physionomie russe porte quelquefois le caractère de la douceur, mais plus souvent celui de l'astuce.

La peau fine et un teint frais constituent la beauté des femmes russes. Nulle part on n'emploie le fard comme en Russie, même dans la dernière classe du peuple.

Il faut se défier des pompeuses descriptions que nous avons sur ce pays. Les Russes sont moins civilisés que ne l'étaient les Français au septième siècle. Dans les campagnes éloignées des grandes villes, les ustensiles de première nécessité y sont presque inconnus, et l'ignorance du peuple y est complète.

On divise les Russes en quatre classes : 1°. celle de la grande et de la petite noblesse; 2°. le clergé; 3°. les marchands, les bourgeois et autres personnes libres; 4°. les paysans ou esclaves. Les nobles sont les seules personnes qui peuvent posséder des terres.

Les paysans se subdivisent en serfs qui habitent les domaines de la couronne, et en serfs des terres des nobles. Les uns et les autres sont assez malheureux. Il faut qu'ils meurent sur la terre où ils sont nés.

Les habitations des paysans sont grossièrement fabriquées avec des troncs d'arbres entassés les uns sur les autres. Il est rare de trouver un lit dans ces demeures. La famille en général est couchée sur des bancs, à terre, ou sur le poêle, espèce de four de brique qui occupe presqu'un quart de la chambre, et qui est plat par-dessus. Chaque maison est pourvue de l'image de quelque saint barbouillée sur du bois, à laquelle on rend les plus grands hommages en se levant et en se couchant.

Dans toute la Russie on suit le rit grec.

La cour et les gens distingués portent l'habit français; mais le bas peuple ne se rase pas la barbe, et porte un bonnet de fourrure. Il a aussi les jambes épaissies par plusieurs paires de bas et des morceaux de flanelle entourés de cordons. Les femmes entortillent leur tête d'une espèce de linge.

PORTUGAL.

Le Portugal est borné au nord et à l'orient par l'Espagne; au sud et à l'ouest par l'Océan.

Il est divisé en six parties, dont trois au sud, qui sont, *Estramadure*, *Alentejo* et *Algarve*; et trois au nord, qui sont *Entre-Douro-et-Minho*, *Tralos-Montes* et *Baira*.

Lisbonne, grande et belle ville, en est la capitale; elle était la résidence des rois de Portugal. En 1807, le roi de ce pays transféra sa résidence à Rio-Janeiro, capitale du Brésil, qui fait partie de ses possessions.

Les principales rivières sont, le Tage, le Minho et le Douro.

Caractère et mœurs des Portugais.

Les Portugais n'ont plus rien de ce génie entreprenant et hardi qui faisait, il y a trois siècles, la gloire de leurs ancêtres. Ils sont naturellement fiers, superbes et courageux. Ils détestent toute autre nation. On leur reproche aussi d'être vindicatifs, vains, railleurs, et peu instruits. Après avoir retracé leur défauts, on serait injuste si on se taisait sur leurs bonnes qualités. Ils sont attachés à leur patrie, amis généreux, fidèles, sobres et charitables. La religion catholique y est la seule permise. Ils sont tellement accoutumés aux pratiques de la religion, qu'ils sont plus superstitieux que devots.

Les hommes sont vêtus à la française, ou du moins à l'européenne. Ils ont un manteau dans lequel ils s'enveloppent, et portent une épée d'une longueur excessive. Ils sont malpropres; ce qui contraste avec les couleurs tendres de leurs habits.

A l'égard des Portugaises, on peut, sans exagération, vanter leurs charmes et l'éclat de leur teint.

Les dames d'un certain rang s'habillent à la française, à l'exception de la coiffure qu'elles arrangent à la mode de leurs pays.

La nation portugaise, affamée de dissipation, aime la musique, la danse, les comédies et les combats de taureaux, spectacle barbare et fécond en accidens.

ESPAGNE.

L'Espagne est séparée de la France par les Pyrénées au nord-est; elle est bornée à l'orient et au midi par la Méditerranée ; à l'occident par le Portugal ; au nord-ouest par l'Océan.

On divise le royaume d'Espagne e quatorze provinces ou royaumes, qui ont été possédés autrefois par des rois, soit chrétiens, soit maures.

1°. La Biscaye.;	Capitale,	*Bilbao.*
2°. Les Asturies,		*Oviédo.*
3°. La Galice,		*Compostella.*
4°. Le royaume de Léon,		*Léon.*
5°. La vieille Castille,		*Burgos.*
6°. La Navarre,		*Pampelune.*
7°. Le royaume d'Aragon,		*Saragosse.*
8°. La principauté de Catalogne,		*Barcelonne.*
9°. Le royaume de Valence,		*Valence.*
10°. L'Estramadure, .		*Badajoz.*
11°. Le royaume de Murcie,		*Murcie.*
12°. Le royaume de Grenade,		*Grenade.*
13°. La nouvelle Castille,		*Madrid.*
14°. L'Andalousie,		*Séville.*

Les rivières les plus remarquables de ce royaume sont le Minbo, le Douro, le Tage, le Guadalquivir, la Guadiana, l'Èbre, etc.

La capitale de l'Espagne est Madrid, grande et superbe ville, dans la nouvelle Castille, et la résidence des rois d'Espagne.

Caractère et mœurs des Espagnols.

Les Espagnols ont le teint un peu olivâtre et basané, la tête ordinairement belle, la taille médiocre ; mais ils sont communément maigres. Ils sont fiers, vindicatifs, paresseux et malpropres. Ceux qui ont reçu une éducation distinguée sont magnifiques, et ont un air de grandeur qui plaît aux dames. La paresse des Espagnols est souvent la cause de leur sobriété. Entêtés et vains, ils reviennent assez difficilement de leurs premières impressions. La danse est le divertissement favori des Espagnols. Il y a des théâtres dans presque toutes les villes de l'Espagne ; mais la plupart des pièces qu'on y joue sont de mauvais goût et d'un style ampoulé. Il n'y a pas de ville non plus où l'on ne trouve une grande place destinée au combat du taureau.

Le costume français s'est établi sous le manteau espagnol, ce qui contraste d'une manière assez bizarre.

Les robes des dames sont longues, et ornées d'ouvertures où l'on place une pièce de soie d'une autre couleur. Le voile est d'un grand usage en Espagne.

ITALIE.

Cette grande presqu'île que les Alpes séparent de la France, de la Suisse et de l'Allemagne, a 250 lieues de longueur, 135 lieues dans sa plus grande largeur, et 55 lieues dans sa plus petite largeur.

Le mont Apennin la traverse dans toute sa longueur du nord-ouest au sud-est.

On trouve en Italie deux fameux volcans, le Vésuve près de Naples, et le mont Etna dans l'île de Sicile.

Les rivières les plus considérables qui arrosent ce pays sont le Pô, l'Adda, le Tésin, l'Arno et le Tibre.

Les principaux lacs sont les lacs Majeur, de Côme, d'Iseo, de Perouse et de Garde.

La population de l'Italie s'élève à environ 18,000,000 d'habitans.

Ce pays est aujourd'hui divisé en huit souverainetés principales : 1°. Les États du roi de Sardaigne; 2°. le royaume Lombard-Vénitien, appartenant à l'Autriche, ainsi que Parme, Plaisance et Guastalla; 3°. le duché de Modène avec Reggio, la Mirandole, Massa et Carrara; 4°. le Grand-Duché de Toscane; le duché de Lucques; 6°. les états du Pape; 7°. le royaume des deux Siciles; 8°. l'île de Malte.

ÉTATS DU ROI DE SARDAIGNE.

Ces états sont divisés en sept souverainetés, savoir : 1°. La principauté de Piémont; 2°. le duché de Savoie; 5°. le Montferrat; 4°. le Milanez-Sarde; 5°. le comté de Nice; 6°. le duché de Gênes, et 7°. l'île de Sardaigne.

Les états sardes sont bornés au nord par la Suisse, à l'est par le Milanez et l'état de Parme, au sud par la mer Méditerranée, et à l'ouest par la France.

La population de tous les états du roi de Sardaigne, réunis, est d'environ 3,500,000 habitans.

Le roi réside à Turin, capitale du Piémont et de tous les états sardes. C'est une belle et grande ville située au confluent du Pô et de la Doire.

ROYAUME LOMBARD-VÉNITIEN.

Cet état, qui est sous la souveraineté de la maison d'Autriche, a été formé lors du congrès de Vienne, des états vénitiens et d'une partie du Milanez ou Lombardie.

Il est borné au nord par le Tyrol et la Carinthie; à l'est par la Carinthie et le golfe de Venise; au sud par les duchés de Parme, de Modène, et l'état du Pape, et à l'ouest par le Piémont et la Suisse.

Sa population est de 4,000,000 d'habitans.

Ce royaume est administré par un vice-roi qui gouverne au nom de l'empereur d'Autriche. Il est divisé en 15 départemens, dont voici la nomenclature.

Départemens.	Chefs-Lieux.
Lario.	Côme.
Adda.	Sondrio.
Olona.	Milan.
Serio.	Bergame.
Mella.	Brescia.
Haut-Pô.	Crémone.
Adige.	Vérone.
Bacchiglione.	Vicence.
Breuta.	Padoue.

Départemens.	Chefs-lieux.
Adriatique.	Venise.
Tagliamento.	Trévise.
Piave.	Bellune.
Passariano.	Udine.
Mincio.	Mantoue.
Haut-Adige.	Trente.

La capitale du royaume Lombard-Vénitien est Milan; c'est le centre du gouvernement. Cette ville est très-grande et très-ancienne; elle a 125,000 habitans.

DUCHÉS DE PARME, DE PLAISANCE ET DE GUASTALLA.

Ces duchés appartiennent maintenant à l'empereur d'Autriche. Ils avaient été donnés en 1814 à l'archiduchesse Marie-Louise; mais depuis elle en a fait cession à son père.

La population de ces trois duchés réunis s'élève à 400,000 habitans. Parme, capitale du duché du même nom, est une belle et grande ville. On y compte 30,000 habitans.

Plaisance. Cette ville est située au confluent du Pô et de la Trépia; elle renferme 24,000 habitans.

Guastalla, ville forte près du Pô, capitale du duché du même nom.

DUCHÉS DE MODÈNE, DE REGGIO, DE LA MIRANDOLE ET DE MASSA.

Ces duchés sont bornés au nord par le Mantouan, à l'est par l'état de l'Église, au sud par Lucques et la Toscane, à l'ouest par le duché de Parme.

L'archiduc d'Autriche François et Marie-Béatrix d'Est possèdent les états de Modène, dont la population entière est d'environ 400,000 habitans.

Modène, capitale du Modenois, est dans une plaine agréable; on y compte 20,000 habitans.

Reggio, capitale du duché du même nom, est une ancienne, belle et forte ville. Elle est la patrie de l'Arioste.

La Mirandole, forte ville du duché du même nom, a un palais ducal.

Massa, ancienne ville du duché du même nom, a un château-fort.

GRAND-DUCHÉ DE TOSCANE.

Cet état a été restitué à l'archiduc Ferdinand d'Autriche en 1814. Il a environ 45 lieues de long sur 36 de large. Sa population est de 900,000 habitans.

Ce duché est situé entre l'état de l'Église, celui de Modène, le duché de Lucques et la mer.

La capitale du grand-duché de Toscane est Florence, très-belle et très-ancienne ville, située sur l'Arno. On y compte 80,000 habitans.

DUCHÉ DE LUCQUES.

C'est un petit pays d'environ 10 lieues de long sur 8 de large. On compte dans ce duché 120,000 habitans. La ville capitale est Lucques, grande et belle ville, dont la population est de 20,000 habitans.

6

ÉTATS DU PAPE.

Ces états sont situés entre Naples, la Toscane, le royaume Lombard-Vénitien et la mer. Ils ont 90 lieues de long sur 44 de large. La population est de 2,500,000 habitans.

Le pape Pie VII gouverne actuellement ces états.
On les divise en douze principautés, savoir :

Principautés.	Chefs-lieux.
1°. Duché d'Urbin.	Urbin.
2°. Pérousin ou Pérugin.	Pérouse.
3°. L'Orviétan.	Orviéto.
4°. Duché de Spolette.	Spolette.
5°. La Marche d'Ancône.	Ancône.
6°. Patrimoine de Saint-Pierre. . .	Viterbe.
7°. La Sabine.	Magliano.
8°. Campagne (la) de Rome. . . .	Rome.
9°. La Romagne.	Ravenne.
10°. Le Ferrarais.	Ferrare.
11°. Le Bolonais.	Bologne.
12°. Les principautés de Bénévent et de Ponte-Corvo, enclavés dans le royaume de Naples. .	Bénévent et Ponte-Corvo.

Rome est la capitale des états du Pape; on la regarde aussi comme la capitale du monde chrétien, et la plus célèbre ville de l'univers. On sait que sa fondation remonte à l'an 753 avant J.-C. Elle est située sur le Tibre, et sa population est de 150,000 habitans. Elle est aussi la résidence des Papes.

ROYAUME DE NAPLES ou DES DEUX-SICILES.

Cet état est borné au nord par l'état du Pape, et par la mer de tous les autres côtés. Il a environ 100 lieues de long sur 27 de large. On y compte 4,500,000 habitans.

Le royaume de Naples est divisé en treize provinces; savoir :

Provinces.	Chefs-lieux.
1°. Naples.	Naples.
2°. L'Abruzze ultérieure, première.	Téramo.
3°. L'Abruzze ultérieure, deuxième.	Aquila.
4°. L'Abruzze citérieure.	Chiéti ou Théat.
5°. La Terre de Labour.	Sta-Maria-Maggiore.
6°. Principauté citérieure.	Salerne.
7°. Principauté ultérieure.	Avélino.
8°. Capitanate.	Foggia.
9°. Bari.	Bari.
10°. Otrante.	Lecce.
11°. Basilicate.	Potenza.
12°. Calabre citérieure.	Cosenza.
13°. Calabre ultérieure.	Monte-Léone.

La capitale de ce royaume est Naples, belle ville bâtie sur la mer. Elle fait un commerce considérable avec toutes les nations de l'Europe; mais sa situation près du Mont-Vésuve en fait un séjour dangereux.

Le royaume de Sicile est formé de l'île de ce nom et de celles de Lipari.

L'île de Sicile est située dans la mer Méditerranée;

elle a 70 lieues de long de l'est au sud-ouest, et 40 du nord au sud. Sa population est de 1,600,000 habitans. Elle offre des traces fréquentes des éruptions du Mont-Etna.

La Sicile se divise en trois provinces; savoir :

Provinces.	Chefs-lieux.
1°. La vallée ou val de Mazara.	Palerme.
2°. Le Val de Demona.	Messine.
3°. Le val de Noto.	Noto.

Palerme est la capitale de toute la Sicile; c'est une ville ancienne, riche et belle, dont la population s'élève à 100,000 habitans.

Les îles Lipari sont au nombre de dix, dont Strombori et Volcano sont des volcans. Elles prennent leur nom de la plus grande de ces îles, dont la ville capitale se nomme Lipari.

ÎLE DE MALTE.

Cette île est située dans la mer Méditerranée entre l'Afrique et la Sicile; elle a environ 7 lieues de long sur 4 de large et 20 de circonférence.

La population de cette île, y compris celle de Goze et de Comino, est d'environ 160,000 habitans. La capitale de l'île de Malte est Cité-la-Valette, place très-forte avec un beau port. Cette île est une des possessions les plus importantes de l'Angleterre en Europe.

Caractère et mœurs des Italiens.

Les paysans d'Italie sont généralement de beaux hommes; ceux de Toscane sont les mieux conformés, et ceux de la Lombardie les plus lourds. Les citadins sont, comme partout, efféminés. C'est une absurdité de juger la nation d'après eux.

Les Italiens se croient les premiers des hommes et les très-dignes descendans des Romains. Ils sont rusés, jaloux et vindicatifs; mais, en récompense, ils ont beaucoup d'esprit naturel, une grande aptitude pour les affaires, et un sentiment inné des beaux-arts. Il est rare de trouver en Italie des savans profonds, et le peuple y est presque absolument abandonné aux préjugés et à la superstition.

Les femmes en Italie ont le teint le plus beau du monde, quoiqu'il paraisse un peu brun aux yeux des peuples septentrionaux. Elles sont, pour la plupart, sans instruction, mais pleines de talens et d'esprit naturel.

Les mascarades, le jeu, les courses de chevaux non montés, et les conversations ou assemblées, les spectacles et la musique, sont les principaux amusemens de ce peuple.

La langue italienne a cette douceur et cette flexibilité que l'on remarque dans les manières des Italiens. Elle est dérivée du latin.

Les Italiens suivent les modes françaises.

TURQUIE ou EMPIRE OTTOMAN.

Cet empire s'étend en Europe et en Asie. Il est borné au nord par l'Autriche et la Russie; à l'est par la Perse et la mer Caspienne; au midi par la mer des Indes et l'Afrique, et à l'ouest par la mer Adriatique et la mer Méditerranée. La population de tout cet empire peut être évaluée à 19,000,000 d'habitans.

Le grand-seigneur a aussi des possessions en Afrique : l'Égypte, quelques contrées de la Barbarie et une partie de l'Abyssinie sont sous sa dépendance.

Nous allons parler de la Turquie d'Europe; nous décrirons la Turquie d'Asie, et les possessions de l'Empire ottoman en Afrique, quand nous en serons à ces parties du monde.

TURQUIE D'EUROPE.

Elle est bornée au nord par l'Autriche et la Russie, au sud par l'Archipel et la mer de Marmara, à l'ouest par la mer Adriatique, et à l'est par la mer Noire et la Russie.

Ses principales rivières sont le Danube, la Save, le Dniester, le Dniéper, le Don et le Pénée.

Les principaux détroits sont le détroit de Constantinople, le Bosphore de Thrace, et le détroit des Dardanelles.

La population de la Turquie d'Europe est de 10,000,000 d'habitans.

Ce vaste empire, qui comprend l'ancienne Grèce et les contrées barbares dont elle était environnée, est gouverné par un empereur dont le pouvoir est despotique. Celui qui règne à présent est Mahmoud II, proclamé empereur le 11 août 1808.

On divise la Turquie d'Europe en quatorze provinces, qui sont :

Provinces.	Capitales.
1°. La Croatie turque.	Wihitz.
2°. La Bosnie.	Bosna-Seraï.
3°. La Dalmatie turque.	Monstar.
4°. La Servie.	Belgrade.
5°. La Valachie.	Tergovisk.
6°. La Moldavie.	Jassy.
7°. La Bessarabie.	Bender.
8°. La Bulgarie.	Sophie.
9°. L'Albanie.	Scutari.
10°. La Macédoine.	Saloniki.
11°. La Romanie.	Constantinople.
12°. La Janiah ou Jannina.	Larissa.
13°. La Livadie.	Livadia.
14°. La Morée.	Trippolizza.

Constantinople est la capitale de tout l'empire turc; cette ville, fondée par Constantin, occupe l'emplacement de l'ancienne *Bizance*; elle est située sur le détroit qui réunit la mer Noire à la mer de Marmara. C'est la résidence de l'empereur, que l'on nomme aussi le *Grand-*

Seigneur. La population de Constantinople est évaluée à 500,000 habitans.

ILES DE LA TURQUIE D'EUROPE.

Ces îles étaient autrefois appelées les Cyclades et les Sporades; maintenant on les nomme *Iles de l'Archipel.*

Le Grand-Seigneur les fait gouverner par un Beglier-bey qui en est le chef, et en outre par des pachas qui reçoivent les ordres de ce dernier.

ILES DE L'ARCHIPEL.

Ces îles sont :

Iles.	*Capitales.*
Candie, qui est l'ancienne *Crète.* .	Candie.
Milo anciennement *Mélos.* . . .	Milo.
Policandro.	Policandro.
Santorin.	Castro.
Serpho ou *Scriphos.*	
Siphanto.	Séraï.
Sikinos.	
Nio, autrefois *Ios.*	Nio.
Amorgos.	Amorgos.
Paros.	Paréchia.
Antiparos.	
Naxia, autrefois *Naxos.*	Naxia.
Thermia.	Termia.
Engia, autrefois *Égine.*	Engia.
Colouri.	Colouri.
Zia.	Zia.
Syra.	Syros.

Myconi. . . . . Myconi.
Tyne, autrefois *Ténos.* . . . . San-Nicolo.
Andros. . . . . Arna.
Negrepont, autrefois *Eubée.* . . . Negrepont.
Skiros, autrefois *Scyros.* . . . . Skiros.
Scopelo. . . . . Scopelo.
Thasos. . . . . Thasos.
Samandraki, anc. *Samothrace.* . . Samandraki.
Lembro. . . . . Lembro.
Stalimène anciennem. *Lemnos.* . . Stalimène.
Ténédos. . . . .
Stampalie. . . . . Stampalie.

ILES IONIENNES.

Quoique ces îles soient aujourd'hui sous la domination de l'Angleterre, comme elles sont situées sur les côtes de la Turquie d'Europe, on est dans l'usage d'en donner la description en traitant cette partie de l'Europe.

La population de ces îles est composée de Grecs; leur religion y domine; la religion catholique y est protégée. Il y a beaucoup d'Italiens et de Juifs. La population est de 180,000 habitans.

Ces îles sont au nombre de sept; savoir :

Iles.	*Capitales.*
Corfou, anciennement *Corcyre.* .	Corfou.
Naxos.	Naxos.
Sainte-Maure.	Amaxichi.
Téaki, anciennement *Ithaque.* .	Vathi.
Céphalonie.	Argostoli.
Zanthe.	Zanthe.
Cérigo, anciennement *Cythère.* .	Cérigo.

Des Turcs, de leur caractère, de leurs mœurs, etc.

Les Turcs, peuple autrefois si fier et si belliqueux, paraissent aujourd'hui se rapprocher de la douceur qui distingue quelques nations de l'Asie. Ils sont assez magnifiques, mais sobres. Ils se livrent peu aux sciences; l'étude de l'Alcoran, celle des langues persane et arabe, est presque la seule instruction qu'ils recherchent. Ils lisent peu; et, en raison de cela, n'acquièrent presque point de connaissances. Il y a à Constantinople une bibliothèque à peu près déserte, et une imprimerie dont on ne se sert point.

L'Alcoran est le code civil et criminel des Turcs, le régulateur des droits et des devoirs des citoyens. Tous les jugemens, toutes les sentences doivent être émanés de ce livre réputé saint. Mahomet écrivit l'Alcoran, et il est l'auteur de la religion mahométane, la seule dominante en Turquie. Les Turcs sont de la secte d'Omar.

Le *Ramazan* est le carême des Turcs; il dure une lune entière. Pendant ce temps, les Turcs ne peuvent boire et manger que la nuit.

Le sultan réunit en lui tous les pouvoirs. Il est souverain absolu, législateur, pontife et chef suprême de la religion. Son gouvernement est despotique.

Les femmes sont esclaves en Turquie : elles vivent très-retirées, et ne se montrent pas en public sans un voile et des vêtemens qui cachent leur figure et masquent tout leur corps.

Le costume de ce peuple n'est pas sujet aux caprices de la mode. On remarque peu de différence entre l'habit des hommes et celui des femmes. Ce n'est presque que la coiffure qui distingue les sexes. Le turban est l'apanage des hommes.

L'habillement consiste en une chemise que l'on met par-dessus le caleçon, qui descend jusque sur les talons. Par-dessus cette chemise on met une veste fendue de haut en bas, et sur le tout une longue et large robe d'étoffe de soie ou de laine.

Les femmes vont nu-pieds dans les maisons; ce qui leur est très-facile, car on n'y marche que sur des tapis ou des nattes. Quand elles sortent de leur demeure, elles chaussent des socques de bois. Les pantoufles des hommes sont de maroquin jaune.

Les jeunes gens portent la moustache, et ne laissent croître leur barbe que lorsqu'ils prennent un état.

ASIE.

L'Asie, l'une des cinq parties du monde, est bornée au nord par la mer Glaciale; à l'ouest par les monts Oural qui la séparent de l'Europe, la mer Noire, la mer de Marmara, la Méditerranée, l'isthme de Suez et la mer Rouge; au sud par la mer des Indes et à l'est par le grand Océan.

Elle a 2400 lieues de long sur 2000 lieues de large. On

divise l'Asie en sept grandes parties principales, savoir : la Turquie d'Asie, l'Arabie, la Perse, l'Inde, la Chine, la Tatarie, et la Russie d'Asie.

Ses principaux golfes sont le golfe Persique, le golfe de Bengale, le golfe de Siam, celui de Tunquin et la mer Jaune.

Les principales montagnes sont le Taurus, le Liban, l'Ararat, le Caucase, l'Oural et la chaîne des monts Altaïques.

Les plus grands lacs sont la mer Caspienne à l'est de la Méditerranée, le lac Aral à l'est de la mer Caspienne, et celui de Baïkal au sud-est de la Sibérie.

Les plus grands fleuves sont : l'Oby, le Jéniséa, la Léna, l'Amur ou Saghalien, le Hoang, le Kiang, le Gange, le Tygre et l'Euphrate.

La population de l'Asie est évaluée à 400,000,000 d'habitans.

Les religions qui y dominent sont, le mahométisme, le shamanisme et le brahmisme, qui se partagent en beaucoup d'autres sectes. On y trouve aussi un grand nombre de chrétiens et de juifs. En général, le gouvernement y est despotique.

TURQUIE D'ASIE.

Ce pays est borné au nord par la mer Noire et la mer de Marmara, au sud par l'Arabie, à l'ouest par l'Archipel et la mer Méditerranée, et à l'est par la Perse.

On divise la Turquie d'Asie en huit provinces, savoir : 1°. la Circassie ; 2°. l'Anatolie ; 3°. l'Arménie ; 4°. la Syrie ; 5°. la Palestine ; 6°. le Diarbeck ; 7°. l'Irak-Arabi ; 8°. le Kourdistan.

Les villes les plus remarquables sont Trébisonde, Alep, Diarbékir et Erserom.

ARABIE.

L'Arabie se divise en trois parties, qu'on trouve du nord au sud : 1°. l'Arabie pétrée ; 2°. l'Arabie déserte, 3°. l'Arabie heureuse.

Leurs capitales sont, Hérac, Anah et la Mecque.

Des Arabes, de leur caractère, de leurs mœurs, etc.

Les Arabes sont de moyenne taille, maigres et comme desséchés par la chaleur. Leur teint est basané ; leurs yeux et leurs cheveux sont noirs. Ils sont légers à la course, et excellens cavaliers. Ils passent généralement pour braves, et pour très-bons tireurs depuis qu'ils sont familiarisés avec les armes à feu. Un air grave, mais moins sérieux que celui des Turcs, se manifeste dans leurs mouvemens. Ils aiment la compagnie, et se rendent assidûment dans les cafés.

Les Arabes, comme les Turcs, portent des habits longs. La coiffure des Arabes de l'*Yemen* est dispendieuse. Ceux-ci portent jusqu'à dix ou quinze bonnets les uns sur les autres, qui sont de toile simple ou de toile de coton piquée. Le bonnet qui recouvre les autres est souvent brodé d'or.

Tout le vêtement d'une femme du peuple consiste en un caleçon et une chemise fort large : l'un et l'autre de toile bleue, et ornés de quelques broderies en bas. Les femmes arabes des contrées basses et exposées aux chaleurs, ont la peau d'un jaune foncé ; mais dans les montagnes on trouve de jolis visages, même parmi les paysannes. Quant aux femmes d'un rang élevé, un étranger ne peut les voir que dans la rue, et elles y sont enveloppées de la tête aux pieds.

Les mahométans observent à l'égard de leur personne une bien plus grande propreté que les chrétiens. Ils se baignent très-souvent, et ils marquent du mépris pour tous ceux qui exercent une profession malpropre, tels que les bouchers, les barbiers, etc.

DE LA PERSE.

La Perse contient treize provinces, sans compter la Turcomanie orientale ou l'Iran, et la Géorgie orientale.

La Perse propre renferme, 1°. l'Aderbijan ; 2°. le Shirvan ; 3°. le Ghilan ou Galian ; 4°. le Mazanderan ou Taberistan ; 5°. le Khorasan ; 6°. Kandahar ; 7°. l'Yrac Age-mi ; 8°. le Sigistan ; 9°. le Sablestan ; 10°. le Chosistan ; 11°. le Farsistan ; 12°. le Kerman ; 13°. le Mekran.

La capitale de la Perse est Théran.

Des Persans, de leur caractère, de leurs mœurs, etc.

Les Persans professent la religion mahométane ; mais ils sont de la secte d'Ali, gendre de Mahomet ; ce qui les rend ennemis des Turcs, qui sont de celle d'Omar.

On trouve encore en Perse les Guèbres, ce qui veut dire *infidèles*, reste des anciens Perses, et qui en ont conservé la croyance. On les nomme, par cette raison, *Parsis*. Ils font remonter leur religion jusqu'à Zoroastre.

L'arabe est la langue savante du pays, et la langue vulgaire en approche beaucoup.

Les Persans ont l'esprit vif et le jugement sain. Appliqués à l'étude, ils réussissent principalement dans la poésie. Leurs pensées sont belles, fines et entières.

La conduite des Persans envers les étrangers ferait honneur aux nations les plus policées. Ils sont très-hospitaliers ; ils ont un grand nombre de *caravanserails* ou hôtelleries, destinés à loger les marchands que la crainte des voleurs fait réunir en caravanes.

Les Persans ne permettent point à leurs femmes de se promener, ni de faire des visites ; elles sortent tout au plus deux fois par an, encore ne peuvent-elles aller voir que leurs parentes, et ce n'est presque qu'à la nuit qu'elles jouissent de cette liberté.

On ne voit dans les rues que des femmes misérables,

qui ont la figure entièrement couverte d'un voile parsemé de petits trous pour pouvoir diriger leurs pas.

Les Persans aiment beaucoup la musique, ainsi que les conversations en nombreuses compagnies. Leurs divertissemens principaux sont la chasse à la grosse bête et au vol, le manége et les exercices d'armes, auxquels ils sont très-adroits. Ils ont surtout une passion marquée pour les danses sur la corde, les jeux de bateleurs et les combats des bêtes sauvages.

Ce peuple n'est point fastueux dans ses vêtemens ; une simple toile de coton couvre le maître et le valet : des souliers de chagrin faits comme des mules de femmes, avec un talon pointu, donnent aux Persans une démarche peu noble et embarrassée. Ils ont des bas de drap écarlate. Leur usage est de porter un bonnet dont la partie supérieure est rouge, et qui est entouré d'un schall de la même couleur. Ils portent aussi des armes garnies en bel acier, qu'ils ont dans leur pays, et elles sont bien travaillées.

Les Persanes ont toutes un caleçon pareil à une culotte de matelot ; elles le rembourrent, depuis la ceinture jusqu'au talon, d'autant de coton qu'il peut y en entrer. Ce caleçon, couvert de drap d'or ou d'une riche broderie, fait de leurs jambes deux piliers monstrueux. Elles portent une chemise de taffetas cramoisi, fendue jusqu'à la ceinture, et qui ne vient qu'aux genoux. En hiver, elles ont une petite veste, plus ou moins riche, qu'elles attachent avec une ceinture ou une agrafe. Une petite calotte rouge, bordée en or ou en pierreries, et des cheveux tressés, qui retombent sur leurs épaules, forment toute leur coiffure.

DE L'INDE.

L'Inde se divise en trois parties : l'empire des Afghans, l'Hindoustan ou la presqu'île en deçà du Gange, et l'empire Birman ou la presqu'île au delà du Gange, nommée autrement *presqu'île orientale*.

Les villes les plus remarquables sont Visapour et Golconde ; celle-ci est surtout recommandable par son commerce en pierreries.

Aperçu sur l'empire des Afghans.

Cet état confine au nord à la Tatarie, à l'est et au sud à l'Hindoustan, et à l'ouest à la Perse. Les limites n'en sont pas parfaitement déterminées. On sait seulement qu'en 1783 cet état se composait à l'ouest de l'*Indus*, de la province de *Kachmyr*, du district d'*Attock*, de quelques parties du *Moultan*, du *Kaboulistan*, du royaume de Kandahar, d'une grande division du *Koraçan*, et enfin du *Segestan*.

Le gouvernement des Afghans est féodal ; les différens chefs se cantonnent dans leurs villages fortifiés, d'où ils

7

exercent sur leurs vassaux une autorité non contestée. Ils témoignent peu d'égards au monarque appelé *Chah* , si ce n'est quand la chose publique est menacée ; car alors on lui obéit.

La cavalerie constitue la principale force militaire de l'Afghanistan. Un corps d'infanterie, armé de mousquets, fait aussi partie de l'armée afghane.

Des Afghans , de leur caractère, de leurs mœurs , etc.

Les Afghans sont robustes , braves , et généralement adonnés à la rapine. On remarque dans leurs manières une certaine arrogance barbare. Ces hommes professent le plus profond mépris pour toutes les occupations de la vie civilisée. Ils suivent la religion musulmane.

Leurs coutumes sont assez semblables à celles des Turcs, avec les différences qui doivent résulter du climat , de la civilisation et de la rudesse des mœurs. La langue des Afghans se rapproche de la chaldaïque. Les femmes se tiennent cachées.

Les Afghans sont très-sobres ; ils ne vivent absolument que de pain , de lait caillé et d'eau. Cependant ils sont très-forts, et leur sobriété les exempte des maladies aiguës et opiniâtres.

Le vêtement ordinaire des Afghans consiste en une chemise qui tombe sur la partie supérieure , d'un haut-de-chausse étroit et long , et en un gilet de laine qui prend bien le corps et descend jusqu'à la moitié des cuisses. Ils portent un haut bonnet roulé , de forme conique ,

fait en gros drap ou de toile de coton également grossière, et ordinairement d'une seule couleur. Ce bonnet a deux petites fentes à l'extrémité supérieure du devant.

Des Hindous , de leur caractère, de leurs mœurs , etc.

Dans un pays d'une aussi grande étendue que l'Indoustan, où le climat est très-varié, les habitans doivent nécessairement différer de couleur.

On porte à 60,000,000 d'âmes la population actuelle de l'Hindoustan.

Le teint des Hindous de la côte de Coromandel, et de ceux qui sont au sud , est infiniment plus sombre que celui des peuples qui sont plus au nord. On a observé aussi que les indigènes sont plus bruns que les mahométans qui tirent leur origine de la Tatarie et de la Perse. Les mahométans sont vraiment un très-beau peuple.

Les Hindous ont les formes du corps très-déliées : leurs mains ressemblent à celles des femmes les plus délicates ; elles ne paraissent pas proportionnées au reste de la personne , qui en général est au-dessus de la moyenne taille.

Ce peuple a des manières modestes, un air réservé, et même craintif, étranger à tout exercice du corps et de l'esprit : c'est un propos commun aux Hindous, qu'il vaut mieux être assis que debout, être couché qu'assis, dormir que veiller, et que la mort est préférable au sommeil.

Tout le corps du peuple est divisé en quatre ordres

distincts ou en quatre castes : 1°. les Brahmines ; 2°. les Tchitterys ; 3°. les Chysses ; 4°. les Soudres.

Les *Brahmines* sont les seuls gardiens de la religion. La caste des *Tchitterys* ou *Radjahs* semble avoir été réservée pour les fonctions de la royauté. Les *Chysses* ou *Banians* se livrent au commerce, qui est interdit aux autres castes. Les cultivateurs, les artisans et les soldats sont *Soudres*, et aucun d'eux ne peut quitter la profession de ses pères. Il n'est pas permis dans ce pays de s'allier par mariage à une caste différente de la sienne. Quiconque enfreint cette loi est dégradé et nommé *Paria*, regardé comme infâme, et obligé d'aller habiter des endroits assez éloignés des villes ou villages.

Les Hindous croient à l'existence d'un seul Dieu, sans commencement et sans fin.

Ils prétendent qu'au commencement la Divinité créa trois hommes, *Brahma*, *Vichnou* et *Chevah*. Le premier fut chargé de créer le genre humain ; le second, de le conserver ; et le troisième, de le gouverner, de le corriger et de le détruire.

Leur morale paraît être très-pure ; la décence leur est expressément recommandée, et ils l'observent parfaitement.

La loi leur permet la pluralité des femmes ; mais ordinairement ils ne font point usage de cette permission. Doués de mœurs douces, les Hindous font consister leur bonheur dans la jouissance de la vie domestique, et à aller visiter leurs *pagodes*, ou monumens religieux, et à assister aux cérémonies qui s'y pratiquent.

Aperçu sur l'empire Birman, ou l'Inde au delà du Gange.

L'empire Birman est borné au nord par le Thibet, ou Boutan, par le golfe de Bengale et les possessions anglaises ; au sud, par le golfe de Bengale et le royaume de Siam, et à l'est par la Chine et le territoire de Siam.

Cet empire se divise en trois provinces qui formaient autrefois trois royaumes, qui sont ceux d'Aracan, d'Ava et de Pégu.

Le peuple birman a le plus profond respect pour son souverain, qu'il regarde comme le monarque de la terre.

L'empereur exerce le despotisme le plus absolu sur ses sujets, et la couronne est héréditaire dans sa famille. On porte le nombre de tous les habitans de l'empire Birman à 17,000,000.

Les Birmans ont les traits du visage assez semblables à ceux des Chinois. Les femmes, surtout celles des provinces septentrionales, sont plus belles que celles de l'Hindoustan. Elles n'ont pas les formes délicates ; mais elles sont bien faites : leurs cheveux sont noirs, longs et épais.

Les hommes sont d'une taille médiocre, quoique robustes et agiles. Leur caractère est très-différent de celui des naturels de l'Inde. Ils sont vifs, curieux, actifs, impatiens, colères ; mais bons, humains et hospitaliers.

Leur religion est une secte de celles des Hindous. Leur langue a beaucoup de rapport avec le sanskrit des Brahmes. Leur prose est un peu cadencée.

La musique est très-cultivée dans toute l'étendue de l'empire Birman. Les principaux instrumens dont on y joue sont la harpe, le violon, le flageolet, la guitare et la flûte de Pan.

La sculpture y est assez cultivée. Elle s'exerce surtout à faire des idoles du dieu *Gaudma*, que les Birmans adorent.

L'habillement qu'on porte en ce pays consiste en une robe de velours ou de satin à fleurs, qui descend jusqu'aux talons. Par-dessus cette robe on porte un manteau léger, qui ne couvre que les épaules. De hauts bonnets de velours, unis ou brodés en soie et ornés de fleurs d'or, forment la coiffure des hommes, et les boucles d'oreilles font partie de leur parure.

Les femmes birmanes nouent leurs cheveux sur le haut de la tête, et mettent ensuite un bandeau, dont la broderie et les ornemens marquent leur rang.

Elles portent une espèce de chemise qui ne passe pas la hanche, et qu'elles serrent avec des cordons. Par-dessus cette chemise elles mettent une veste large, avec des manches serrées. Une longue pièce d'étoffe de soie ou de toile leur ceint les reins, et fait deux fois le tour de leur corps, en traînant jusqu'à terre. Quand elles vont en visite, elles ont une ceinture de soie semblable à un long schall qui se croise sur la poitrine, et dont les bouts, rejetés sur les épaules, flottent avec grâce.

Les deux sexes teignent leurs paupières et leurs dents en noir. Ils ont également l'habitude de mâcher continuellement des feuilles de bétel.

Les divertissemens des Birmans sont principalement la lutte, le pugilat, les jeux scéniques et les feux d'artifice.

Leur religion leur défend de tuer les animaux domestiques; ils ne se nourrissent que de gibier et de reptiles, tels que des serpens et des lézards.

DE LA CHINE.

Ce vaste empire se partage en deux grandes parties, l'une septentrionale et l'autre méridionale.

La partie septentrionale contient six provinces.

La partie méridionale renferme neuf provinces.

La Chine est arrosée par deux grandes rivières.

La première, ou la plus considérable, est le Hoang, ou la rivière Jaune.

La seconde est le Kiang, ou la rivière Bleue.

La capitale de la Chine est Pékin, grande et belle ville, où réside l'empereur.

Aperçu sur l'empire chinois.

La Chine est un des pays les plus peuplés de l'univers. La population y monte à 200,000,000 d'habitans.

L'air, quoique très-sain, y est varié en raison de son étendue; froid vers le nord, à cause des montagnes couvertes de neiges; et fort tempéré vers le midi.

Les Chinois sont d'une moyenne taille. Ils ont le

visage large, les yeux noirs et petits. Le nez plus court que long. Dans les provinces septentrionales, ils ont le teint clair, et dans les provinces méridionales ils sont basanés. Les gens de lettres laissent croître leurs ongles, pour faire voir qu'ils ne s'occupent d'aucun travail manuel.

Les femmes ont les yeux petits, les lèvres vermeilles, les cheveux noirs et le teint délicat, quoique fleuri. Une chinoise n'est belle qu'autant qu'elle a les pieds petits. Pour leur donner cette perfection, on a soin de les leur emmaillotter dans leur jeunesse; aussi, dans un âge plus avancé, elles ne font que chanceler au lieu de marcher.

La Chine semble être le lieu de la terre où la piété et le respect filial ont le plus d'empire sur le cœur des hommes. La religion, les lois, les mœurs se réunissent pour consacrer ce premier sentiment; mais ce qui paraît étrange, à côté de l'exaltation louable de ce sentiment, c'est le droit barbare qu'a un père de faire mourir les enfans qu'il ne peut nourrir. Une pareille action ne peut s'excuser qu'en se rappelant que les Chinois croient à la métempsycose ou la transmigration des âmes, et que le malheureux qui donne la mort à son fils ne le fait que dans l'intention de le faire changer de condition.

On prétend que les Chinois ne reconnaissent qu'un seul Dieu depuis un temps immémorial. Le peuple est ignorant et superstitieux. Ses prêtres, nommés *bonzes*, passent pour sorciers, astrologues, etc.

Les Chinois sont lents et laborieux, plus minutieux qu'inventifs. Ils ne mettent ni goût ni noblesse dans ce qu'ils font.

Les armées des Chinois sont peu redoutables; d'ailleurs ils ne sont pas braves, et leur marine est très-faible.

Rien ne marque plus la lenteur de leur génie que l'état dans lequel se trouvent chez eux les arts et les sciences. Ils avaient déjà inventé le papier, l'imprimerie, la boussole et la poudre à canon, que l'on n'y songeait point encore en Europe. Mais ces découvertes ont peu fructifié entre leurs mains. Ce qui empêche les Chinois de faire des progrès dans les sciences, c'est leur manière d'écrire, dont chaque caractère peint un mot; ce qui rend la lecture si difficile, qu'un homme a besoin de passer une grande partie de sa vie à l'apprendre. Leur écriture va de haut en bas. Ils excellent, dit-on, dans la médecine et les feux d'artifice. Leur peinture, dénuée d'art, ne brille que par les couleurs. Ils sont également peu avancés dans les arts mécaniques. Jamais un Chinois n'a pu faire une bonne montre.

Le commerce est florissant en Chine. On y trouve de superbes manufactures de porcelaine, et l'on y fait le plus beau vernis.

Ce pays produit du sel, du sucre, du musc, de l'ambre gris, des épiceries, de belle soie, du coton, du lin, et l'on y fabrique de riches étoffes. Tous nos fruits et tous nos végétaux d'Europe y viennent bien, et on y recueille le thé, dont il se fait un commerce considérable, et qui s'exporte dans tous les pays.

L'habillement varie selon la distinction des rangs ; c'est la loi qui le règle. L'empereur a seul le droit de porter la couleur jaune. Il n'est permis qu'à quelques mandarins de se vêtir d'un satin fond rouge les jours de cérémonie. Ils portent ordinairement du noir et du violet. Le peuple ne porte que le noir ou le bleu. L'habit est toujours de coton. Les hommes ont des chapeaux en forme de cloche, et les personnes de distinction y ajoutent des pierreries et des bijoux. Le reste du vêtement est aisé, et consiste en une veste avec une ceinture, une robe ou habit par-dessus, des bottines de soie piquées en coton, et une paire de caleçons.

Le costume des femmes diffère peu de celui des hommes, si ce n'est dans l'arrangement des fleurs et des autres ornemens qu'elles mettent sur leur tête. Elles ont en général un réseau de soie qui leur tient lieu de chemise, et elles portent par-dessus une veste et de grands caleçons de soie ; elles mettent en outre, par-dessus la veste, une longue robe de satin rassemblée avec grâce autour du corps et nouée avec une ceinture.

La nourriture du peuple est toujours la même. Il la renouvelle régulièrement toutes les quatre heures. Les alimens sont du riz bouilli, des légumes ou des navets coupés par morceaux et frits dans de l'huile. En général, la cuisine chinoise manque de propreté.

La table sur laquelle les Chinois mangent n'est pas élevée de terre de plus d'un pied. Ils s'asseyent autour de cette table sur le plancher. Le vaisseau qui contient le riz est placé auprès de la table. Chacun en remplit son petit bassin, et le mange avec les végétaux frits, à l'aide de deux petits bâtons pointus.

DE LA TATARIE.

Elle se divise en trois parties, savoir : la Tatarie chinoise ; la Tatarie indépendante, ou le Dehagataï ; et la Rusie d'Asie, ou Sibérie.

DE LA TATARIE CHINOISE.

Elle comprend la Mantchourie, la Mongolie, la Kalmoukie, le Tibet et plusieurs autres petits États, connus sous la fausse dénomination de *Tartarie* chez les modernes, et sous celui de *Scythes* chez les anciens.

Aperçu sur les provinces vulgairement comprises sous le nom de TATARIE CHINOISE.

Les vastes contrées où errent les Kalmoucks, les Mongoux, les Mantchoux et autres peuples soumis ou réunis à l'empire chinois, forment une des régions les plus élevées du globe.

Des Mantchoux, de leurs mœurs, de leur langage, etc.

Les Mantchoux ont joui anciennement d'un certain degré de civilisation. Ils ont connu l'agriculture, et ils ont eu un code de lois avant la conquête qu'ils firent de la Chine. Cette extension de puissance a nui à leur pays, car les meilleures familles ont émigré en Chine.

D'après les relations des jésuites, ils n'ont ni temples ni idoles. Ils révèrent un Être suprême, qu'ils appellent l'Empereur du ciel.

Les Mantchoux ont les formes plus robustes et une contenance plus ferme que les Chinois. Les pieds de leurs femmes ne sont point défigurés comme ceux des Chinoises. Leur coiffure consiste en fleurs naturelles et artificielles.

L'habillement, en général, est le même que celui des Chinois.

Les trois langages des Mantchoux, des Mongoux et des Tatares, diffèrent radicalement l'un de l'autre.

Des Mongoux, de leurs mœurs, de leur religion, de leur gouvernement, etc.

Les Mongoux sont de petite taille : ils ont le visage plat, les yeux petits, les cheveux noirs et le teint jaunâtre; mais le teint des femmes est clair, mélangé de blanc et de rouge; ce qui dénote une santé parfaite.

Les Mongoux ont la vue très-perçante et une conception très-prompte. Ils sont dociles, hospitaliers, bienfaisans et actifs.

L'industrie est chez eux une vertu que les femmes seules possèdent à un très-haut degré, et elle est accompagnée de beaucoup de gaieté.

La polygamie, quoique permise, leur est peu commune. Ils se marient très-jeunes, et les femmes apportent leur dot en troupeaux.

Ce peuple est errant. Quand les pâturages commencent à manquer, toutes les tribus lèvent leurs tentes; ce qui arrive jusqu'à quinze fois par an. Dans l'été elles se dirigent au nord, et en hiver au midi.

Les amusemens de ces tribus sont les courses de chevaux, l'arc, la lutte, la pantomime, les danses, les chansons des jeunes femmes, accompagnées par la viole et la flûte. Les cartes ne leur sont point inconnues. Le jeu d'échecs est leur jeu favori.

Les *khans*, ou monarques de la Mongolie méridionale, sont entièrement soumis à la Chine, et lui paient un tribut annuel. Les *khans* des Kalkas reçoivent au contraire un léger salaire, comme formant en quelque sorte la garnison frontière contre la Russie.

Leur système religieux est le même que celui des Kalmoucks.

Les Mongoux se rasent toute la tête, à l'exception d'une seule boucle de cheveux qu'ils y laissent subsister. Ils se coiffent d'un bonnet jaune et plat. Leurs pantalons sont larges, leur veste d'une étoffe légère, avec des manches étroites; une ceinture retient le sabre, le couteau, et des objets nécessaires pour fumer. L'habit de dessus est de drap, les manches en sont larges. Leurs pieds sont entourés de linges, par-dessus lesquels ils passent des bottines de cuir jaune ou noir. Ils ne connaissent point l'usage des chemises.

L'habillement des femmes est semblable à celui des hommes; mais, au lieu d'habit, elle portent une robe, sans manches. Elles ont les cheveux très-longs, et les tressent en nattes.

Ce peuple se nourrit de viande qu'il mêle avec des légumes. Sa boisson ordinaire est de l'eau. Il aime beaucoup l'eau-de-vie et l'hydromel.

Des Kalmouks, de leurs mœurs, de leur caractère, etc.

Les Kalmouks ou Eluths sont la branche occidentale de la race mongole. Ils sont généralement d'une taille médiocre, et on en trouve plus de petits que de grands. L'odorat, l'ouïe et la vue surpassent chez ce peuple toute idée qu'un Européen pourrait s'en former. Les Kalmouks sentent la fumée d'un camp, entendent le trot d'un cheval, et distinguent un objet à une distance très-éloignée. Ils aiment à vivre en société. Le meurtre et le vol dont on les accuse n'ont lieu qu'en cas d'hostilités entre les tribus, ou par vengeance particulière.

Leur habillement ressemble à celui des Polonais, à l'exception des manches, qui sont fort étroites et serrées au poignet.

Les femmes portent sur leur veste un manteau sans manches, qu'elles jettent tantôt sur les deux épaules, et tantôt sur une seule.

Les Kalmouks, soumis à l'empire chinois, aiment autant que ceux de la Russie la vie nomade et les cabanes transportables.

Les Chinois réussiront difficilement à les forcer à s'occuper de l'agriculture.

Chasser et garder les troupeaux, construire des tentes, voilà les seuls travaux qu'ils préfèrent. La condition des femmes n'y est pas fort douce. Elles ont pour leur part les travaux domestiques. Elles doivent aussi placer et démonter les tentes, seller et amener les chevaux.

Leur nourriture consiste en lait de jument et en viandes grasses, surtout de gibier; car ils ne tuent guère leurs animaux domestiques.

La religion de ce peuple est le lamaïsme.

Du Tibet, de ses habitans, de leurs mœurs, de leur caractère, etc.

Le Tibet ou Boudistan est encore un pays tributaire de la Chine. Il s'étend depuis le 73e jusqu'au 99e degré de longitude, et depuis le 27e degré de latitude jusqu'au 36e.

Les habitans du Tibet sont doux et aimables. Les hommes sont très-forts. Leur physionomie tient un peu de celle des Tatares. Le teint des femmes est d'un brun incarnat, haut en couleur. Les fraîches brises d'un pays montagneux entretiennent leur vigueur et leur santé.

Une circonstance singulière dans ce pays, c'est que la polygamie y est admise en sens inverse des autres contrées de l'orient. Là il est permis à une femme d'avoir plusieurs maris.

Il y a peu d'industrie dans ce pays. Les principales manufactures du Tibet sont celles qui fabriquent des schalls ou des étoffes de laine. Le superbe poil de chèvre avec lequel on fait les schalls est en grande partie transporté à Cachemire.

La religion des Tibetains est le lamaïsme.

Les habitans du royaume de Corée, et ceux du royaume et des îles de Licoukieou, sont vassaux de l'empereur de la Chine, et lui paient des tributs.

DE LA TATARIE INDÉPENDANTE, ou DCHAGATAÏ.

Ce pays se divise en Dchagataï septentrional, méridional et oriental. Le Dchagataï septentrional comprend les pays des Turcomans, des Karakalpaks, des Kirguises, des Usbecks et le Karizmie. Le Dchagataï méridional ou la grande Bucharie, et le Dchagataï oriental, ou la petite Bucharie.

Aperçu sur les peuples qui habitent le Dchagataï septentrional.

Des Troukmènes.

Les Troukmènes habitent toute la côte orientale de la mer Caspienne, pays sablonneux, rocailleux et dépourvu d'eau. Ces gens-là vivent en pasteurs grossiers, qui font en passant le métier de brigands. Ils sont divisés en deux hordes conduites par des princes kirguises.

Des Karakalpaks.

Ce peuple professe la religion de Mahomet, et en connaît assez bien les préceptes. Il est à la fois cultivateur et berger. Ses cabanes d'hiver ont un emplacement fixe ; celles d'été sont mobiles. Les Karakalpaks ont peu de chevaux. Ils se servent de leurs bêtes à cornes pour le trait et la selle. Plusieurs métiers sont exercés chez eux avec succès. Ils vendent à leurs voisins des couteaux, des sabres, des fusils et de la poudre à tirer.

Des Kirguises.

Les Kirguises ont le nez écrasé et les yeux petits. Une vie frugale et tranquille leur procure une longue et verte vieillesse.

La langue des Kirguises est un dialecte du tatare, que les autres Tatares entendent parfaitement. Ce peuple professe la religion mahométane. Ses mœurs sont simples; on retrouve chez lui les tentes de feutre ; cependant il est riche et plus heureux que ses voisins les Kalmouks.

Les Kirguises se regardent tous comme frères, et se font servir par des esclaves qu'ils prennent dans les incursions qu'ils font chez leurs voisins. Ils portent l'habit tatare, un large caleçon et des bottes pointues : ils se rasent la tête, et se la couvrent d'un bonnet qui a la forme d'un cône. Au lieu d'une chemise, ils ont une veste très-mince, sur laquelle ils passent deux espèces de robes. Ils font consister principalement leur luxe dans la beauté

8

des harnois de leurs chevaux, qu'ils couvrent de riches ornemens.

Les femmes parent leur tête avec des cous de hérons, arrangés en façon de cornes.

Les Kirguises font quelque commerce avec les Russes. Orembourg est la place de leur plus grand trafic. Ils donnent toutes sortes de bestiaux en échange de draps et de meubles.

Des Usbeks.

Les Usbeks sont de race tatare, et ils ne sont devenus maîtres du pays que par droit de conquête. Ce peuple suit la religion mahométane, de la secte de Sunni. Le gouvernement des khans ou monarques n'est pas absolu : il est limité par l'influence de la religion et des lois.

Les habitans de ce pays ont des mœurs et des coutumes plus civilisées que celles des autres Tatares. Ils parlent le zagatayen ou le turc. Les vêtemens des gens aisés sont en grande partie de soie et de fourrures. Les femmes portent des robes longues et larges. Elles ornent leurs cheveux de tresses de perles.

Les Usbeks sont braves, et l'on assure que les femmes suivent leurs maris à la guerre, et combattent à leurs côtés.

Des Karizmiens.

Les Karizmiens diffèrent peu des Kirguises ; mais ils les surpassent en ruse et en fourberie. Leurs mœurs sont les mêmes, excepté que les Kirguises vivent sous des tentes, tandis que les autres habitent des maisons et des villages. Ils ne font de commerce qu'avec Bokhara et la Perse, où ils portent des fourrures, et vont y vendre du bétail.

Des habitans du Dchagataï méridional, ou des Buchariens.

Le nom de Bucharie, qu'on prononce Boukarie, dérive de celui de Bokhara, qui est la première cité du pays dans laquelle entrèrent les marchands perses que l'espoir du gain porta à visiter cette contrée.

Les Buchariens mènent une vie très-frugale, et leur nourriture consiste principalement en riz, millet, et surtout en fruits, tels que melons, raisins, pommes, etc. Ils se servent beaucoup de l'huile de sésame. Le thé, assaisonné d'anis, et le moût de raisin, sont leurs boissons favorites. Ils s'enivrent d'opium.

Ce peuple ne porte jamais d'armes. Il professe la religion mahométane.

Des habitans du Dchagataï oriental, ou de la petite Bucharie.

Les habitans de la petite Bucharie, quoique mélangés avec les Kalmouks, ont le teint basané, sont très-beaux et très-bien faits. On les dit bons et polis.

Leur langage est probablement le zagatayen, qui n'est autre chose que le turc.

Le commerce est assez florissant dans ces contrées. Les marchands buchariens se rendent en foule à la Chine, dans l'Hindoustan, en Perse et en Sibérie, pour y trafiquer. Ce peuple n'est point guerrier. On ne le voit jamais prendre les armes, et c'est ce qui le fait mépriser des Tatares. Cependant plusieurs manient très-bien le sabre, la lance et l'arc. Les riches portent une cotte de mailles.

La polygamie est permise dans ce pays. On y vend les femmes; et les jolies filles sont une source de richesse pour leurs père et mère.

L'habit des hommes ne descend pas au-dessous du gras de la jambe; il est serré par une ceinture comme l'habit des Polonais. Les femmes en portent un semblable, et mettent de grandes boucles d'oreilles. Elles tressent leurs cheveux, et les ornent de rubans. Les deux sexes portent un long caleçon, et des bottes de cuir de Russie. Les maisons qu'ils habitent sont bâties en pierre, et décorées de quelques meubles fabriqués à la Chine.

Leur nourriture consiste en viande salée ou gelée, qu'ils savent conserver pendant très-long-temps. La boisson qu'ils préfèrent est le thé, qu'ils prennent avec du lait, du beurre et du sel. Ils apportent dans tout ce qu'ils mangent beaucoup de propreté.

RUSSIE D'ASIE ou SIBÉRIE.

Cette contrée est bornée au nord par la mer Glaciale, à l'ouest par la Russie d'Europe, au sud par la Tatarie et la Chine, et à l'est par la mer et le détroit de Béhring. La population n'est que de quatre millions d'habitans; on l'appelle plus souvent *Sibérie* que Russie d'Asie. L'empereur de Russie étend sa domination sur tout ce vaste pays.

La Sibérie est un lieu d'exil où sont envoyés les criminels et ceux qui tombent dans la disgrâce des empereurs de Russie.

Les principales rivières de la Russie d'Asie sont, l'Irtich, l'Oby, le Jéniséa, la Lena, la Selenga et l'Anadyr.

Les principaux lacs sont ceux de Piacinsk, de Baïkal et de Soumi.

Outre les Russes qui sont établis dans cette contrée, elle est encore habitée par différens peuples indigènes, les uns sédentaires, les autres nomades, ou sans habitations fixes.

La Russie d'Asie est divisée en trois gouvernemens, 1°. Tobolsk; 2°. Tomsk; 3°. Irkoutsk, qui sont subdivisés en sept provinces.

Tobolsk est la capitale de toute la Russie d'Asie ou Sibérie; elle est située au confluent des rivières de Tobol et d'Irtich; elle fait avec la Chine un commerce considérable.

Des principales nations sibériennes, de leurs mœurs, de leur caractère, etc.

Ce sont des *Russes* et des *Kosaques* qui habitent les villes et les postes militaires de la Sibérie. Ils descendent les uns, des soldats employés à la conquête de ce pays ; les autres, des criminels envoyés en exil.

Les nombreuses peuplades tatariques occupent la partie méridionale du gouvernement de Tobolsk.

Les *Tatares* sont en général d'une constitution robuste ; leur frugalité et leur propreté les garantissent de la plupart des maladies contagieuses.

Les *Bouriates*, peuples de la race des Mongoux, ressemblent extérieurement aux Kalmouks. Ils jouissent d'une bonne santé, mais parviennent rarement à un âge avancé.

Les *Tungouses* sont ordinairement d'une taille médiocre, souples et bien faits ; et, quoiqu'ils ne soient point sujets aux maladies, ils ne vivent point vieux.

Les Tungouses ont la vue et l'odorat d'une finesse et d'une délicatesse incroyables, mais leurs organes du goût et du toucher ont moins de sensibilité. Ils parlent facilement les langues étrangères, sont bons cavaliers, bons chasseurs et adroits à tirer de l'arc.

Leur religion est une branche de *schamanisme*, et ils adorent une divinité nommé *Boa*.

La polygamie leur est permise.

Cette nation couvre une partie de la Sibérie.

Ls *Ostiaks* forment une des nations les plus nombreuses de la Sibérie. Ils sont de race finnoise. Avant d'être sous le joug de la Russie, ils obéissaient à des princes de leur nation. Le peuple est d'une ignorance extrême : il n'a seulement pas d'alphabet, et ne peut pas compter au delà de dix.

Les Ostiaks sont petits, faibles ; leur chevelure est communément blonde ou rougeâtre : leur habillement est étroit, et fait de peaux et de fourrures. Ces gens sont d'une malpropreté dégoûtante. Ils vont pieds nus en été, et les femmes se *tatouent* le revers des mains, les bras et les jambes. Ils ont des cabanes d'été et d'hiver.

Les *Samoyèdes* occupent aussi une grande étendue de terre couverte de bruyères et de marais.

Leur taille est de quatre à cinq pieds ; leur figure répond à cette petite taille. Ils sont communément accroupis et ont les jambes très-courtes, la tête grosse et plate et de petits yeux. Ils réunissent à ces attraits une peau olivâtre et luisante de graisse, et des cheveux noirs et hérissés. Les femmes ont de la souplesse dans la taille, et sont aussi laides que les hommes.

Les *Kamtschadales* sont petits : ils ont la tête grosse, peu de cheveux et de petits yeux.

On fait l'éloge de la finesse et de la douceur de la peau des femmes kamtschadales. Elles ont les mains et les pieds petits, et leur taille est bien proportionnée. Quoique les Kamtschadales se nourrissent de poisson, qui se corrompt facilement, et leur occasione quelquefois le scorbut, ils sont en général peu sujets aux maladies.

La petite vérole ne fait point de ravage chez eux, grâce à l'inoculation qu'ils sont dans l'usage de pratiquer.

Les Kamtschadales qui habitent le midi ont des cabanes élevées de douze à treize pieds, afin de pouvoir y faire sécher du poisson, qui est presque leur seule nourriture. Ils portent sur la peau une chemise de coton, avec des pantalons, et par-dessus des blouses larges de peau de daim. Leurs bottes sont de cuir tanné, et leur bonnet est en fourrure.

Dans le nord du Kamtschatka, les habitans se garantissent du froid au moyen de leurs cabanes, qui sont creusées sous terre.

On trouve encore en Sibérie plusieurs autres peuples, que le peu d'étendue que nous voulons donner à cet ouvrage ne nous permet pas de décrire.

AFRIQUE.

L'Afrique se divise en neuf parties : 1°. l'Égypte; 2°. la Barbarie; 3°. le Saharah, ou désert; 4°. la Nigritie; 5°. la Guinée; 6°. l'Abyssinie; 7°. la Nubie; 8°. la Cafrerie; 9°. les îles d'Afrique.

Les principaux fleuves d'Afrique sont le Nil, le Niger, le Zaire, le Coanza et le Zambes, ou Cuama.

Il y a trois caps remarquables en Afrique, savoir : à l'occident, le cap Vert; au midi, le cap de Bonne-Espérance; à l'orient, le cap de Guardafui.

Les principales montagnes de l'Afrique sont : 1°. l'Atlas, entre la Barbarie et le Bilédulgérid; 2°. les monts Amédèdé; ils séparent la Nigritie du Saharah, ou désert de Barbarie; 3°. les montagnes de la Lune, sur les confins du Monomotapa.

DE L'ÉGYPTE.

On divise l'Égypte en trois parties : la haute, au midi; celle du milieu; la basse, au nord.

La capitale de l'Égypte est le Caire, grande ville. On y voit, à trois ou quatre lieues de distance, les fameuses pyramides qui ont passé autrefois pour une des sept merveilles du monde; c'était le tombeau des rois d'Égypte.

DE LA BARBARIE.

Elle se divise en deux grandes parties séparées l'une de l'autre par le mont Atlas; elle comprend plusieurs États, qui dépendent chacun de souverains différens. Ce sont les royaumes de Barca, de Tripoli, de Tunis, d'Alger, de Fez et de Maroc. Ces deux derniers dépendent du même roi.

Ces royaumes donnent leur nom à leur ville capitale.

DU SAHARAH, ou DÉSERT DE BARBARIE.

On divise ce pays en cinq parties, savoir : d'occident

en orient, le désert de Zangaha, le désert de Zuenziga, le désert de Targa, le désert de Lemta, et le désert de Berdoa.

Le Bilédulgérid fait partie du Saharah. Il est habité par les Mousselemis.

DE LA NIGRITIE.

Elle se divise en plusieurs royaumes, dont les principaux sont ceux de Tombut, d'Agadez et de Bornou.

DE LA GUINÉE.

Elle se divise en trois parties, qu'on nomme le Sénégal, la Haute-Guinée, et la Basse-Guinée, ou le Congo.

Le Sénégal est situé entre les rivières de Sénégal et de Gambie. Il est habité par des Maures, des Nègres et divers autres peuples sauvages.

La Haute-Guinée s'étend depuis le cap *Tagrin* jusqu'au cap *Lopo-Gonzalez.* Elle renferme la côte *Malaguette,* celle de l'*Ivoire,* le royaume de *Dahomé,* celui de *Juida,* et plusieurs autres tribus.

La Basse-Guinée, ou le Congo, s'étend depuis le cap *Lopez* jusqu'auprès du cap *Négro.* Elle renferme les royaumes de *Loango*, de *Cacongo*, de *Congo*, et d'*Angola.*

DE L'ABYSSINIE.

Cet empire contient plusieurs royaumes ou provinces.

Les royaumes de Gorhan, de Gingiro, ainsi que l'Éthiopie, sont joints à l'Abyssinie.

On n'en connaît guère que les noms.

DE LA NUBIE.

La Nubie est un royaume situé entre l'Abyssinie et l'Égypte. La ville la plus remarquable est Dongala sur le Nil.

DE LA CAFRÉRIE.

La Cafrérie est fort étendue : elle peut se diviser en trois parties : la septentrionale, la méridionale et l'orientale.

La partie septentrionale renferme plusieurs royaumes.

La partie méridionale de la Cafrérie est habitée par divers peuples, qui ont chacun leurs chefs. Les Cimbebas, qui habitent au nord-ouest, ont un roi appelé *Mataman.*

Elle s'étend jusqu'au cap de Bonne-Espérance, dont elle dépend.

La partie orientale de la Cafrérie renferme plusieurs royaumes, qui sont du nord au sud, savoir Monomotapa, Manica, Sofala, Sabia et Inhambane.

La Cafrérie mélangée occupe toute la côte orientale d'Afrique.

On divise cette côte en deux parties, qui sont la côte de Zanguébar et la côte d'Ajan.

La côte de Zanguébar comprend plusieurs royaumes, dont les principaux sont du sud au nord, comme Mosambique, Mauruça, Mongalo, Quiloa, Monbasa et Mélinde.

Les principaux États de la côte d'Ajan sont la république de Brava, le royaume de Magadoxo, et celui d'Adel.

DES ILES D'AFRIQUE.

Les plus remarquables sont celles de Zocotora, de Madagascar, de Bourbon, l'île Maurice ou île de France, à l'est de l'Afrique ; et celles du cap Vert, les Canaries et Madère, à l'ouest.

Il y a encore au midi de l'Afrique l'île Saint-Thomas et l'île Sainte-Hélène.

Aperçu sur l'Afrique.

La variété de l'espèce humaine est très-grande en Afrique. On y trouve toute la race des *Nègres*, les Maures, les Bédouyns, les Berbères, descendans des anciens Égyptiens, les Abyssiniens, les Cafres, les Turcs et les Juifs.

Les contrées septentrionales de l'Afrique faisaient partie du monde connu des anciens. La partie méridionale ne nous est connue que depuis environ quatre siècles, et l'intérieur de l'Afrique n'a pas encore été exactement visité par aucun voyageur. Nous allons donner quelques idées générales du caractère et des mœurs des principaux peuples de cette partie du monde, en suivant l'ordre géographique que nous avons précédemment établi.

Des habitans de l'Égypte, de leurs mœurs, de leur caractère, etc.

On distingue en Égypte quatre races principales d'habitans : 1°. les Quobthes, ou vulgairement les Coptes ; 2°. les Arabes ; 3°. les Turcs ; 4°. les Mameloucks. Les Grecs, les Juifs et les Européens sont connus sous le nom de *Francs*, et regardés comme étrangers.

Les Quobthes habitent particulièrement dans la Haute-Égypte. Ils parlent une langue que l'on dit être dérivée de l'ancienne langue vulgaire du pays. En général, ils se disent chrétiens du rit grec. Ils sont la plupart insoucians, paresseux et malpropres. Malgré leur indolence naturelle, ils ne manquent pas d'intelligence, ni même d'aptitude aux sciences. Beaucoup d'entre eux exercent les arts, occupent des emplois civils et militaires, et enseignent à écrire et à calculer ; d'autres sont pasteurs ou cultivateurs, et ceux qui ne remplissent aucune de ces fonctions languissent dans la plus profonde misère.

La race la plus répandue en Égypte est celle des Arabes, qu'il faut partager en trois classes, qui suivent toutes trois la religion mahométane. La première, ou du moins la plus répandue, est celle des habitans des campagnes cultivées. On les nomme *Fellahs*. La seconde est celle des *Arabes établis* sur les terres qu'ils cultivent, et la troisième est celle des Arabes *Bédouyns* ou pasteurs. Ce sont les plus considérés, parce qu'ils sont indépendans.

La troisième race des habitans de l'Égypte est celle des *Turcs*. Ils sont désignés dans ce pays sous le nom d'*Osmanlis*, qui répond au nom *Ottomans*, que prennent également tous les sujets du sultan de Constantinople.

Les *Osmanlis* que l'on trouve actuellement en Égypte y sont attachés par le commerce ou par les grades militaires. Ils se regardent comme les maîtres du pays, parce qu'ils en ont été les vainqueurs. Ils sont fiers et arrogans, affectent un luxe qui les distingue des Quobthes et des Arabes; mais qui pourtant le cède à celui des Beys mameloucks.

La quatrième race des habitans de l'Égypte est celle des *Mameloucks*, c'est-à-dire, *esclaves guerriers*. Ces esclaves, que les Kalifes fatimites, maîtres de l'Égypte, avaient achetés pour former leur garde, finirent par s'emparer du gouvernement, et leurs chefs transmirent leur puissance à leurs enfans.

Tous les Mameloucks achetés par un chef, ou même par un de ses affranchis, sont réputés de sa famille, et lui donnent le nom de *père*. C'est surtout cette famille, plus ou moins nombreuse, qui forme la première et la plus importante des distinctions entre les Mameloucks. Ceux qui parviennent à se distinguer dans le comman-

dement de cette troupe, et qui y restent assez long-temps pour se procurer aussi beaucoup d'esclaves, deviennent chefs à leur tour.

Les femmes des Mameloucks, ainsi que celles des Osmanlis, vivent très-retirées dans les *harem*. Elles charment leur solitude par les chants de leurs esclaves, qui s'accompagnent avec le tambour de basque et les castagnettes. En général, ces femmes sont traitées par leurs maris avec beaucoup d'égards.

L'habitant de l'Égypte est laborieux sans être actif : il ne manque pas d'adresse, et a le talent de l'imitation. Ses facultés intellectuelles ne sont pas exercées, et portent l'empreinte d'un gouvernement oppressif, ainsi que d'une religion superstitieuse.

Le peuple, sain, robuste, borné dans ses besoins, vivant sous un ciel constamment serein, s'abandonne facilement à la gaieté; mais le riche Sybarite, fainéant, tourmenté souvent par l'ambition, conserve un maintien grave et imposant. Il est extrêmement soupçonneux et curieux.

L'Égyptien, enveloppé dans sa longue robe bleue ou noire, la barbe longue, la tête entourée d'un gros turban, tantôt rouge, tantôt vert, et plus souvent blanc, a généralement un air fier.

Les femmes ont les traits du visage plus doux que ceux des hommes, mais sans délicatesse et sans expression. Leur habillement est loin d'être commode; on ne peut leur voir que les yeux et le nez; le reste est soigneusement entortillé, comme le sont les momies du pays, mais à larges draperies et à grands plis, sans qu'elles y gagnent rien pour la liberté de leur démarche.

Les *Almées*, classes de femmes particulières, figurent dans toutes les fêtes et dans presque toutes les cérémonies publiques. Elles composent une société à laquelle on a donné le nom d'*improvisatrices*, dont nulle ne peut être membre sans posséder parfaitement sa langue, avoir une belle voix, et connaître assez la musique et la poésie pour composer et chanter sur-le-champ des couplets adaptés aux circonstances : ensuite elles dansent dans des ballets pantomines. Elles savent déployer leurs talens dans le pathétique aussi bien que dans les scènes gaies.

Les Almées enseignent aux femmes à chanter et à danser. L'habitude où elles sont de se livrer à la poésie leur rend familières les expressions les plus douces et les plus sonores. Elles récitent avec beaucoup de grâce.

Des nations barbaresques, de leurs caractères, de leurs mœurs, etc.

Les peuples de la Barbarie sont de trois à quatre origines différentes : 1°. les *Berbes* ou *Berbères*; 2°. les *Arabes* ou *Maures*; 3°. les *Nègres* qui sont venus s'y établir, et que l'on peut réunir aux *Mulâtres*; 4°. les *Juifs*, qui s'y trouvent en grand nombre.

Les *Berbes* ou *Berbères* paraissent être les descendans des plus anciens habitans du pays. Ils habitent sous des tentes. La race des Berbes est si nombreuse qu'elle inquiète quelquefois le gouvernement. Ces peuples consentent ou refusent de payer les tributs qu'on leur impose, suivant qu'il leur plaît.

Ils sont très-robustes, patiens et accoutumés à la fatigue. Ils se rasent la tête, et ne laissent croître leurs cheveux que par derrière. Ils ne portent ni chemise, ni culotte, et n'ont pour vêtemens qu'une simple camisole de laine sans manches, qu'ils attachent au milieu du corps avec une ceinture. Ce peuple ne connaît pas d'autre amusement que la chasse. Sa principale occupation est de cultiver les vallées et de garder les troupeaux.

Les *Arabes* ou *Maures* peuvent être divisés en deux classes : 1°. ceux qui vivent comme les Bédouyns ou pasteurs, sous des tentes; 2°. ceux qui sont venus à la suite des premiers conquérans, ou revenus de l'Espagne après en avoir été chassés. Ces derniers habitent les villes, y font le commerce, et sont redoutés par leur mauvaise foi et leur rapacité.

L'ampleur de l'habillement des Maures empêche d'apercevoir les formes de leurs corps. Leurs traits sont fortement caractérisés. Ils ont les yeux gros et noirs, le nez aquilin et de belles dents.

L'habillement des hommes diffère peu de celui des femmes. Il consiste en une chemise très-courte, qui a de très-longues manches, un caleçon de toile blanche, par-dessus lequel ils mettent un grand pantalon de drap, qui descend jusqu'à la cheville du pied ; par-dessus la chemise deux ou trois gilets de différentes couleurs, boutonnés sur le devant par une grande quantité de boutons.

9

Une ceinture de soie entoure le milieu du corps, et un cordon de velours, placé comme un baudrier, suspend à gauche un sabre courbe, ou un coutelas dans un étui de cuivre.

Les Maures qui ont fait le pèlerinage de la Mecque ont seuls le droit de porter le turban. On les nomme *El-Hatek*, et sont traités avec considération.

Les *Nègres* et les *Mulâtres* forment une grande partie de la population. De ces Nègres, les uns ont été appelés par les princes barbaresques, pour en composer leur milice; d'autres se sont établis dans le pays. De leurs mariages avec les filles arabes, et des mariages des Arabes avec les Négresses, il est sorti une race de *Mulâtres* qui se perpétue et vit assez malheureuse.

Les *Juifs* sont généralement plus malheureux encore. Malgré les talens qu'ils montrent, et les services qu'ils rendent par leur instruction et leurs relations commerciales, ils sont tenus dans un état d'oppression continuel, et exposés à des extorsions horribles. Dans les grandes villes, ils ont un quartier à part, et ils ne peuvent en sortir sans être obligés de marcher pieds nus; enfin, ils sont traités comme des êtres d'une classe inférieure à la condition humaine. Ils exercent librement leur religion.

Des habitans du Saharah, de leurs mœurs; de leur caractère, etc.

Les habitans de ces contrées désertes mènent une vie nomade. Ce sont des Berbères et des tribus maures, dont quelques-uns sont tributaires de l'empire de Maroc. On distingue les *Bracnars*, les *Trusares*, les *Mongeares*. Ils négligent entièrement l'agriculture, et s'occupent à élever des troupeaux et à chasser. Ils ne travaillent point, se procurent les objets dont ils ont besoin, en donnant en échange du poil de chameau, des plumes d'autruche et du bétail. La monnaie leur est inconnue.

Le *Biledulgérid*, ou pays des Dattes, n'est pas moins aride que le Saharah. On y trouve beaucoup de Juifs. Le principal peuple du *Bilédulgérid* est celui des *Mousselemis*, qui sont toujours armés, et dont une partie mène une vie nomade.

De la Nigritie, mœurs, caractère de ses habitans, etc.

La Nigritie, appelée par les Arabes *Soudan*, est un pays fort étendu, qui renferme plusieurs royaumes nègres, riches par un très-ancien commerce, et renfermant des villes assez grandes.

Le sol n'en est pas beaucoup plus fertile que celui de Saharah, à l'exception des contrées arrosées par des rivières. La Nigritie est la patrie des Nègres. Ils y forment un grand nombre de petites tribus, dont on ne connaît que quelques-unes.

Les habitans de l'empire Bournou sont plus industrieux que les autres Nègres. Ils fabriquent des toiles, des indiennes et des mousselines très-fines. Ils professent le mahométisme.

En général, ils vont presque nus; ils sont rustres et paresseux : les uns professent un mahométisme fort grossier; les autres sont païens.

Des habitans de la Guinée, de leurs mœurs, de leur caractère, etc.

Les habitans de la Guinée sont noirs, vont presque tout nus, et mangent de la chair crue. Ils sont assez spirituels, adroits et robustes; mais orgueilleux, fourbes, vindicatifs, paresseux et voleurs. Ils regardent l'agriculture comme indigne de les occuper, et ce sont leurs femmes qui cultivent les terres. Ils sont païens. Les Européens leur achètent beaucoup d'esclaves, qu'ils vont enlever chez leurs voisins, et auxquels ils joignent quelquefois leurs femmes et leurs enfans.

Des Abyssiniens, de leurs mœurs, de leur caractère, etc.

Les Abyssiniens sont noirs. Ils professent le christianisme, auquel ils mêlent diverses superstitions, suivent l'hérésie d'Eutichès et le rit éthiopien. Ils ont beaucoup de prêtres et de moines. La forme de leur gouvernement est monarchique, et leur roi exerce un pouvoir despotique. Les punitions des criminels sont très-cruelles. Les Abyssiniens ne mangent ni ne boivent avec les étrangers. Ils ont un très-grand nombre d'églises, qui sont ordinairement entourées de cèdres et de hauts arbres,

appelés cussos. Une des principales tribus abyssiniennes est celles des *Agaws*, hommes très-industrieux, mais petits et maigres. Leur vie paraît être plus courte que celle des autres peuples. Les femmes se marient à l'âge de neuf ou dix ans. On croit que les sources du Nil se trouvent dans le territoire de cette nation.

Des Nubiens, de leurs mœurs, de leur caractère, etc.

Les Nubiens ont le teint très-basané. Les hommes vont presque nus, et les femmes ont de légers habillemens de soie. La plupart des maisons sont faites avec de la boue, et couvertes de roseaux.

Les Nubiens suivent la religion mahométane. Ils aiment le commerce, et trafiquent avec les Égyptiens.

Des peuples qui habitent la Cafrerie.

La Cafrerie est habitée par plusieurs peuples, savoir : 1°. les Cafres; 2°. les Hottentots; 3°. les Betjouanas.

Les *Cafres* ont une haute stature, une taille bien proportionnée et des traits agréables. Leur couleur est d'un noir foncé, leurs dents sont très-blanches, leurs yeux fort grands, et leurs cheveux laineux. Chez les deux sexes l'habillement est presque le même : il consiste en peaux de bœufs aussi mœlleuses que du drap. Ils enduisent leur corps d'une graisse mêlée de bol ferrugineux; ils s'exercent à la chasse, à la lutte et à la danse. Les hommes conduisent aux pâturages de grands troupeaux de bœufs et de moutons à grosse queue. Les femmes sont chargées des travaux de l'agriculture, et font aussi des paniers et les nattes sur lesquelles ils couchent.

Les maisons des Cafres sont construites avec des pieux, et enduites en dehors et en dedans d'un mélange de terre et de fiente de vache. L'entrée en est si basse qu'il faut se traîner sur les genoux pour pouvoir y pénétrer. Le foyer est placé au milieu de la chambre.

Les Cafres sont païens. Ils obéissent à un roi dont le pouvoir est très-limité. Ils n'enterrent pas les morts; mais ils les déposent dans un fossé commun à plusieurs familles.

Les *Hottentots* habitent le sud de la Cafrerie. Ils ont quelque chose de particulier dans la figure qui les distingue des autres peuples. Les os de leurs joues sont très-saillans, et ceux de leurs mâchoires sont fort étroits; de sorte que leur visage, large au milieu, diminue considérablement jusqu'à l'extrémité inférieure. Cette forme leur donne un air de maigreur, qui fait paraître leur tête très-petite en proportion de leur corps, qui est gros et potelé. Leurs cheveux sont noirs, courts et laineux. Les femmes ont les traits plus délicats que les hommes; mais l'ensemble de leur figure est le même. Elles sont généralement bien faites. Leurs mains sont petites, et leurs pieds ont une forme agréable. Elles ne portent jamais de chaussures. Le son de leur voix est doux, et elles font beaucoup de gestes quand elles parlent.

Les Hottentots sont paresseux, malpropres et misérables. Ils ne s'exercent qu'à la chasse. Ils ne vivent que de lait de vache et de lait de brebis. Leurs huttes ont environ huit pieds de diamètre : elles sont faites avec des pieux, et couvertes de peaux de bœufs et de moutons, ou avec des nattes. Les Hottentots sont païens.

Les *Betjouanas* habitent l'intérieur du pays. Ils se revêtent de peaux de chacals, de chats sauvages et d'autres animaux. Ils portent des anneaux de cuivre et d'ivoire. Leur nourriture consiste en gibier, en fèves et en lait, et ils ne mangent jamais de poisson. Ils fabriquent de la poterie et des ouvrages de cuivre et de fer. De même que les Cafres, ils enduisent leur corps de graisse mêlée de terre colorante.

AMÉRIQUE.

L'Amérique se divise naturellement en deux grandes parties, qui sont séparées par l'isthme de Panama. L'une s'appelle *Amérique septentrionale*, l'autre *Amérique méridionale*.

AMÉRIQUE SEPTENTRIONALE.

L'Amérique septentrionale se divise en six parties, savoir : les États des Indiens du Nord, le Canada, les États-Unis, le Mexique, le Nouveau-Mexique, et la Californie.

L'Amérique a deux principaux golfes, qu'on nomme *golfe de Saint-Laurent* et *golfe du Mexique*. On y trouve deux caps très-remarquables; le cap Breton, à l'entrée du golfe de Saint-Laurent, et le cap de la Floride dans le golfe du Mexique.

On y compte deux rivières considérables, qui sont : celle de Saint-Laurent et celle de Mississipi.

Les montagnes d'Apalache sont les plus élevées de l'Amérique septentrionale.

ÉTATS DES INDIENS DU NORD.

On comprend sous ce nom le nord-est de l'Amérique septentrionale. Ces états sont partagés entre plusieurs peuples sauvages dont les principaux sont : les *Indiens de cuivre*, ceux de *l'esclave*, ceux appelés *Indiens-lièvres*, les *Chépéouans*, les *Esquimaux* et les *Knisteneaux*.

CANADA.

Ce pays se divise en Haut et Bas-Canada.

Le Haut-Canada a pour chef-lieu Montréal, sur le fleuve Saint-Laurent.

Le Bas-Canada a pour chef-lieu Quebec, ville forte, située aussi sur le fleuve Saint-Laurent.

Au nord du Canada, on trouve la presqu'île du *Labrador*, pays très-froid, dont l'intérieur est peu connu.

ÉTATS-UNIS.

Ce grand pays, situé sur la mer, s'étend dans l'intérieur des terres jusqu'au Mexique. Au nord, les montagnes d'Albany et la rivière d'Albany forment sa limite naturelle. On divise les États-Unis en vingt-trois provinces, savoir :

VERMONT , chef-lieu *Bennington* ; NEWHAMPSHIRE , chef-lieu *Portland* ; ÉTAT DE MASSACHUSETS , chef-lieu *Boston* ; RODEISLAND, chef-lieu *Newport* ; CONNECTICUT, chef-lieu *Newhaven* ; NEW-YORK , chef-lieu *Albany* ; NEWJERSEY, chef-lieu *Brunswick* ; PENSYLVANIE, chef-lieu *Philadelphie* ; qui est aussi la ville capitale des États-Unis ; DELAWARE , chef-lieu *Douvres* ; TERRITOIRE DU NORD-OUEST ; les États-Unis n'ont qu'une partie de ce vaste état ; OHIO : cet état prend le nom de la rivière qui le traverse ; la principale ville qu'on y trouve est *Marietta* ; TERRITOIRE DE LA VILLE FÉDÉRALE , *Washington*, ville principale ; MARYLAND, chef-lieu *Annapolis* : on trouve dans cette province *Baltimore*, port considérable ; VIRGINIE, *Winchester*, *Richemond* et *Norfolk*, sont les villes principales de cette province ; CAROLINE DU NORD, chef-lieu *Roleig* ; CAROLINE DU SUD, chef-lieu *Charlestown* , belle ville , avec un port ; GÉORGIE, chef-lieu *Louisville* ; KENTUCKEY, chef-lieu *Francfort* ; TENESSÉE, chef-lieu *Knoxville* ; MISSISSIPI : cet état est habité par des sauvages ; BASSE LOUISIANE, chef-lieu *Nouvelle-Orléans ;* INDIANA ou HAUTE-LOUI-SIANE; on n'en connaît qu'une partie : cette province est habitée par des peuples sauvages : la FLORIDE, divisée en orientale et occidentale, a pour chefs-lieux *Saint-Augustin* et *Pensacola.*

MEXIQUE.

Ce pays est situé entre le golfe de ce nom et la mer du Sud. On le divise en seize districts, savoir CULIACAN, ville principale *Culiacan ;* PANUCO, ville principale *San-Jago de los Valles;* NOUVELLE-GALICE, chef-lieu *Gua-dalaxara;* MÉCHOACAN, chef-lieu *Valladolid;* MEXICO, chef-lieu *Mexico ;* OUXACA, chef-lieu *Ouxaca;* TABASCO, chef-lieu *Nuestra Senora della Vittoria ;* YUCATAN , chef-lieu *Merida ;* GUATIMALA, chef-lieu *Guatimala ;* CHIAPA, chef-lieu *Chiapa ;* VERAPAZ, chef-lieu *Coban;* HONDURAS, province peu connue, habitée par les *Mos-quitos,* nation sauvage; NICARAGUA, chef-lieu *Saint-Léon ;* COSTARICA, chef-lieu *Carthago.*

NOUVEAU-MEXIQUE.

Ce vaste pays, l'un des plus riches de l'Amérique, est traversé par la rivière du Nord, et borné par une chaîne de montagnes. On le divise en trois provinces, qui sont: la NOUVELLE-NAVARRE, chef-lieu *Cinalva ;* la NOUVELLE-

BISCAYE, chef-lieu *Durango ;* le NOUVEAU-LÉON, chef-lieu *Nouveau-Saint-Ander.* La capitale du Nouveau-Mexique est *Santa-Fé.*

CALIFORNIE.

La Californie forme une longue presqu'île entre la mer du Sud et la mer Vermeille. La CALIFORNIE propre a pour chef-lieu *Loreto.* La NOUVELLE-CALIFORNIE a pour chef-lieu *Monterey.* La NOUVELLE-ALBION n'a point de ville remarquable.

Aperçu sur les Nations indigènes de l'Amérique.

Les habitans du Nouveau-Monde, ou de l'Amérique, forment une race particulière, remarquable par son teint cuivré. Aujourd'hui ce vaste continent se compose de beaucoup d'Européens, de créoles, de mulâtres et de métis. Partout où les Européens n'ont pas encore formé d'établissemens, on trouve des nations sauvages qui vivent de la pêche et de la chasse, et dont plusieurs sont anthropophages. Nous allons commencer par donner quelques idées sur les nations qui habitent l'Amérique septentrionale.

Notice sur les Indiens du Nord.

Le territoire qu'habitent les Indiens du Nord est très-considérable ; il s'étend du 59e. au 68e. degré de latitude nord, et comprend plus de 160 lieues de l'est à l'ouest. Les Indiens du Nord sont en général d'une taille moyenne, bien proportionnés et forts. Le pays qu'ils habitent est un des plus misérables qu'il y ait au monde, le sol n'étant qu'une masse de rochers stériles, couverts pour la plupart d'une mousse épaisse.

Depuis qu'ils connaissent les armes à feu, ces Indiens se servent peu de traits et de flèches, si ce n'est contre les daims. Ces sauvages ont peu d'amusemens ; ils dansent quelquefois, et c'est toujours la nuit. Les femmes dansent aussi, mais séparément des hommes ; elles n'assistent à aucune fête : leur vie n'est qu'une suite continuelle de travaux.

Les *Indiens du Nord* et les *Indiens de cuivre* forment, à ce qu'il paraît, le même peuple. La tribu appelée *Indiens-lièvres* doit son nom à l'animal dont ces sauvages se nourrissent.

Les *Indiens-Chépéouans* habitent le vaste territoire qui s'étend depuis les lacs des *Buffles*, de la *Rivière* et des *Montagnes* jusqu'à la rivière de la *Paix*.

La côte du nord-ouest est occupée par les *Esquimaux* ; et celle de l'océan Pacifique l'est par une nation qui n'a rien de commun avec eux ni avec les *Chépéouans*.

Les Indiens *Knisteneaux* occupent la côte occidentale de la baie d'Hudson. Ces sauvages sont naturellement doux, probes, généreux et hospitaliers, lorsque le funeste usage des liqueurs fortes n'a pas changé leur naturel.

Habitans du Canada.

La population du Canada paraît être d'environ cent vingt-cinq mille habitans, Anglais, Français et loyalistes, et de cinquante mille Indiens.

Le Canada appartenait anciennement aux Français, qui lui donnaient le nom de *Nouvelle-France ;* mais depuis 1763 cette contrée appartient aux Anglais. Les cinq sixièmes des habitans du Bas-Canada sont Français ; l'autre sixième est composé d'Anglais et d'Américains, qui professent le christianisme. Les habitans du Haut-Canada sont des sauvages américains, qui suivent encore leur ancien paganisme, et qui vivent de la chasse et de la pêche.

Habitans des États-Unis.

Les habitans des États-Unis sont en grande partie Européens ou descendans d'Européens ; cependant on trouve dans le pays plus d'un million d'esclaves nègres. Ils parlent en général la langue anglaise. Ce peuple est divisé en plusieurs États confédérés qui envoient des députés au congrès général, qui représente la nation. Toutes les religions ont dans ce pays le libre exercice de leur culte. On y trouve des catholiques, des calvinistes, des luthériens, des anabaptistes, des quakers et des Juifs.

Ce peuple se livre à l'agriculture avec beaucoup de succès, et même il s'empresse d'adopter les découvertes utiles des Européens. Les richesses que le commerce procure aux Américains leur fournissent les moyens de faire chez eux toutes les améliorations possibles.

Les colons allemands qui habitent les États-Unis sont paisibles, sobres et industrieux. Ils s'établissent généralement plusieurs dans le même lieu, et ils conservent la plupart la langue et les coutumes de leur pays originaire. Les Anglo-Américains, au contraire, sont peu retenus par les liens du sang; ils emmènent leurs femmes dans des contrées très-éloignées de celles qu'ils quittent et qu'habitent leurs parens, et cela avec la résolution de ne les plus revoir. Quelquefois aussi il arrive que le même homme change à plusieurs reprises sa résidence. Cette sorte de vagabondage est cause que les habitations sont extrêmement éparses.

Il n'y a dans les États-Unis aucune distinction avouée par les lois; cependant la fortune et la nature des professions y établissent des classes. Les négocians, les gens de loi, les médecins et les ministres du culte forment la première classe; les marchands peu aisés, les fermiers et les artisans composent la seconde; la troisième classe comprend les ouvriers qui se louent, et les dernières classes du peuple. Ces différentes classes ne goûtent point ensemble les plaisirs de la société.

Habitans du Mexique.

La population du Mexique est très-médiocre, relativement à l'étendue du pays; elle ne se monte pas à six millions d'âmes; aussi y trouve-t-on beaucoup de terres incultes. Parmi ces six millions d'habitans, il y a environ douze cent mille blancs, et deux cent cinquante mille indigènes qui habitent tous l'intérieur du Vieux-Mexique, dans des villages gouvernés par des seigneurs qui descendent de l'ancienne noblesse mexicaine. Les autres habitans sont des mulâtres, des nègres et des métis.

Le nombre de langues que parlent les peuplades du Mexique se monte à plus de vingt.

Les Mexicains ont un goût particulier pour les fleurs, la peinture, et la sculpture en pierre et en bois.

Les Espagnols, sous la conduite de Fernand Cortez, ont fait la conquête du Mexique depuis 1522 jusqu'en 1525. Quand ils sont arrivés dans ce vaste pays, ils l'ont trouvé dans un état de civilisation assez avancé; les Mexicains avaient des lois, cultivaient les arts, et obéissaient à un roi.

Habitans du Nouveau-Mexique.

Le Nouveau-Mexique est habité par plusieurs nations sauvages, parmi lesquelles on distingue les *Apaches*, nation très-belliqueuse et très-industrieuse.

Les hommes labourent la terre, et les femmes font des étoffes de laine et de coton pour leur habillement. Tous vont à cheval. Leurs habitations forment des espèces de forts sans portes; pour y entrer, ils montent avec des échelles, qu'ils tirent ensuite après eux.

Habitans de la Californie.

Le nombre des Indiens de la péninsule de Californie et de la contrée nommée *Nouvelle Californie*, qui, à la fin de 1798, avait embrassé la religion catholique, était évalué par les missionnaires à vingt mille individus. On estimait que ces vingt mille catholiques ne formaient que la huitième partie de toute la population indigène. Cette évaluation paraît exagérée, à moins qu'on ne donne à la Nouvelle-Californie une très-grande extension vers le nord.

Les Espagnols ont quelques établissemens en Californie, mais ils sont peu considérables.

AMÉRIQUE MÉRIDIONALE.

L'Amérique méridionale se divise en sept principales parties, qui sont la Nouvelle-Grenade, le Pérou, la Plata, le Chili, la Patagonie, le Brésil et la Guiane.

Les principales rivières de l'Amérique méridionale sont : la rivière des Amazones et celle de la Plata.

Les principaux caps de l'Amérique méridionale sont : le cap Saint-Augustin, le cap Horn, etc.

Les montagnes les plus remarquables de l'Amérique méridionale sont celles que l'on nomme les Cordilières dans le Pérou et le Chili, et les Cordilières du Brésil.

NOUVELLE-GRENADE.

Le royaume de Grenade se compose de la Terre-Ferme, de la Nouvelle-Grenade, de la province de Venezuela et du Quito.

Carthagène est la capitale de ce royaume.

PÉROU.

Le Pérou se divise en six provinces, savoir : celles de Lima, de Truxillo, de Guamanga, de Cusco, d'Arequipa et de la Paz.

Lima est la capitale du Pérou.

LA PLATA.

Ce pays, qui forme une vice-royauté particulière, se compose de quatre gouvernemens, savoir : celui de Charcas, de Paraguay, de Rio de la Plata et de Tucuman.

La ville la plus considérable de ce vaste pays est Potosi, dont la population est de 100,000 habitans. Elle est renommée par ses mines d'argent.

LE CHILI.

Ce pays se divise en trois provinces, qu'on nomme Copiapo, Coquimbo et Cuyo.

San-Jago est la capitale du Chili.

LA PATAGONIE.

La Patagonie s'étend depuis le Chili jusqu'à l'extrémité de la péninsule. C'est un pays triste et monotone, dont le sol est aride et inculte.

La Terre-de-Feu, quoique séparée de la péninsule par le détroit de Magellan, dépend de la Patagonie.

LE BRÉSIL.

On divise le Brésil en douze gouvernemens; savoir : 1°. Rio-Janeiro ; 2°. Saint-Paul ; 3°. Matto-Grosso ; 4°. Guyaes; 5°. Minas-Géraes; 6°. Bahia; 7°. Fernambouc; 8°. Paraïba; 9°. Seara; 10°. Maraham; 11°. Para; 12°. Rio-Négro.

La capitale du Brésil est Rio-Janeiro, anciennement appelée *Saint-Sébastien;* elle est bien située et sous un beau ciel; les maisons sont bâties en pierres; les rues sont pavées et garnies de trottoirs. On y compte 100,000 habitans; son port est un des plus beaux du monde.

Cette ville est la résidence du roi de Portugal et du Brésil.

Le vaste pays des Amazones, ou le district qui s'étend le long des deux rives de la rivière des Amazones, est habité par des peuplades sauvages qui sont très-peu connues.

LA GUIANE.

La Guiane s'étend sur tout le district situé entre l'Orénoque et l'Amazone jusqu'au Rio-Négro. Elle se divise en Guiane hollandaise et Guiane française.

Le chef-lieu de la Guiane hollandaise est Paramaribo, et celui de la Guiane française est Cayenne.

ILES D'AMÉRIQUE.

Les îles principales de l'Amérique septentrionale sont :

Ile de Terre-Neuve.	Ile Porto-Rico.
— Royale, ou *cap Breton.*	— Martinique.
— Bermude.	— Guadeloupe.
— Cuba.	— Barbade.
— Jamaïque.	— Curaçao.
— Saint-Domingue.	— de la Trinité.

La principale île de l'Amérique méridionale est : L'île *Chiloé,* sur les côtes du Chili.

Aperçu sur les nations qui habitent l'Amérique méridionale.

L'Amérique méridionale est partagée entre les Espagnols, les Portugais et les Français.

La population composée de ces diverses nations est très-faible. Les possessions espagnoles ont tout au plus cinq millions d'habitans; celles des Portugais en ont trois; le reste ne peut être évalué qu'à un million. En calculant largement la population de l'Amérique méridionale, cette magnifique portion du globe n'a donc que neuf à dix millions d'habitans.

De la Nouvelle-Grenade, de ses habitans, etc.

La Nouvelle-Grenade appartient aux Espagnols. Elle est gouvernée par un vice-roi, dont dépendent les gouverneurs particuliers. Les habitans de ce grand pays sont un mélange d'Espagnols, d'Américains civilisés qui professent le christianisme, et d'Américains sauvages qui sont encore païens.

Les naturels de la *Terre-Ferme*, état qui dépend de la Nouvelle-Grenade, s'adonnent particulièrement au commerce des marchandises provenant du Pérou et de l'Europe. Ils cultivent seulement du maïs pour la nourriture des nègres, et pour engraisser des bestiaux, dont ils font sécher la chair au soleil pour la conserver.

Des habitans du Pérou, de leurs mœurs, de leur caractère, etc.

Les Espagnols, sous la conduite de François Pizarre, ont fait la conquête du Pérou en 1533. Ils le divisèrent en gouvernemens, et par suite en tirèrent des richesses immenses.

Les Péruviens sont d'une petite taille, et ont le teint un peu basané; celui des femmes l'est moins. Ce ne sont plus les anciens Péruviens, qui, avant leur asservissement, étaient doués d'une noble énergie; ils sont insensibles au malheur, indifférens à la prospérité, méprisent les richesses, les distinctions, et ne s'occupent que du moment présent : ils ne manquent pas d'intelligence, et exécutent avec exactitude tous les ouvrages de main qu'on leur montre. Les femmes se mêlent de ce qui regarde le vêtement et la nourriture : ce sont elles qui, avec leurs enfans, ensemencent les terres que leurs maris ont labourées.

Les Péruviens aiment la danse; ils l'exécutent au son d'un tambour, qu'un homme frappe d'une main, tandis qu'il joue du flageolet de l'autre.

Leur nourriture ordinaire est le maïs et l'orge grillés réduits en farine. Ils habitent dans des chaumières au milieu desquelles on allume du feu, et où ils couchent pêle-mêle avec les animaux, sur des peaux de mouton.

Les habitans des villes ont des mœurs moins grossières; ils s'habillent à l'espagnole : mais ceux des campagnes et des montagnes ont retenu quelque chose de l'ancien costume national; quelques draperies différemment disposées, et surtout beaucoup de plumes sur la tête, aux bras, aux jambes et autour des reins, forment leur vêtement et leur parure. Une sorte de chemise ronde est assez communément la robe des Péruviennes.

Des habitans du Chili, de leurs mœurs, de leur
caractère, etc.

Les indigènes du Chili se partagent en plusieurs peuplades, dont les principales sont les *Chillicanes*, les *Péhuenches*, les *Puelches*, les *Huilliches*, les *Cunches* et les *Araucans*. Ceux-ci habitent le beau pays borné, d'un côté, par les rivières Biobio et Valdivia ; et de l'autre, par la mer et les Cordilières. Ils sont les plus nombreux et les plus redoutables : robustes et hardis, ils aiment leur indépendance par-dessus tout. Ils se nomment eux-mêmes *Moluches*. Leur langue est très-douce. Dans leurs guerres, ils se servent d'armes à feu. Ils s'adonnent à l'ivrognerie, qui, conjointement avec la petite vérole, diminue leur population.

Le costume de ce peuple consiste en une chemise, un pourpoint, des hauts-de-chausses courts et étroits, et un manteau en forme de scapulaire, appelé *poucho*. Le bleu turquin est leur couleur favorite. Les femmes ont des tuniques et des mantelets ; elles portent beaucoup de bagues et des boucles d'oreilles en argent. Les Araucans n'ont point de villes ; ils habitent dans des hameaux qui s'étendent le long des rivières, ou dans les champs.

Des habitans de la Patagonie, de leurs mœurs, de
leur caractère, etc.

Les indigènes, que nous nommons *Patagons*, s'appellent eux-mêmes *Téhueltes*. C'est un peuple remarquable par sa haute stature, qui cependant a été fort exagérée par les voyageurs. Les Patagons ne se livrent pas à l'agriculture ; ils mènent une vie nomade, se nourrissent de gibier, habitent sous des tentes légères, et sont presque toujours à cheval.

Les armes ordinaires des Patagons sont les flèches et la fronde. Leurs flèches, instrumens de guerre, de chasse et de chirurgie, leur servent tout à la fois à percer le gibier, à se défendre contre leurs ennemis, et à se saigner lorsqu'ils sont malades. La fronde dont ils se servent a une forme toute particulière, et qui ne se rencontre chez aucun autre peuple. Deux pierres, attachées l'une à l'autre par une corde de coton, composent cette fronde. Tantôt ils tiennent dans leurs mains une des pierres, et se servent de l'autre comme d'un casse-tête ; tantôt ils les lancent toutes les deux. Cette arme porte, dans leurs mains, un coup toujours sûr.

Les Patagons adorent le soleil, la lune et les étoiles ; la lune surtout a leur premier hommage. Le jour de son renouvellement est un jour de fête pour eux.

Les femmes sont chargées du détail du ménage. On les abandonne à elles-mêmes lorsqu'elles mettent au monde leurs enfans, et les parens ne paraissent que lorsque le nouveau-né leur a été envoyé emmaillotté dans une peau de mouton, et assujetti sur une planche.

Ils enveloppent soigneusement leurs morts dans une peau de cheval, les enterrent et les chargent de beaucoup de pierres pour qu'ils ne puissent pas revenir. Il y a dans l'année des jours où l'on célèbre des fêtes en leur honneur , et où on les prie de ne point revenir troubler le repos des vivans.

Les hommes et les femmes ont toujours la tête découverte ; leurs cheveux, durs et hérissés , semblent se refuser à toute espèce de parure. Une peau de cheval ou de vigogne qui est le mouton du Pérou, compose tout leur habillement. Les femmes l'accommodent en forme de tunique fendue sur les côtés ; le poil est en dedans ; l'une des pièces tombe par-devant jusqu'aux genoux ; l'autre pend sur les épaules comme un manteau ; en sorte que, dans un pays où le froid est excessif , ces malheureuses sont presque absolument nues.

Les habitans de la *Terre-de-Feu*, appelés *Pécherais*, sont d'un aspect aussi repoussant que celui de la terre qu'ils foulent. Gros , courts et mal faits , ils ajoutent encore à leur laideur naturelle par les ciselures et les peintures dont ils se couvrent toutes les parties du corps ; les uns sont absolument peints en rouge, d'autres en noir, d'autres sont régulièrement bariolés comme un zèbre.

Le vêtement commun aux hommes et aux femmes consiste en une peau de veau marin attachée sur les épaules ou autour des reins, le poil en dedans et sans aucun apprêt. Les femmes s'enveloppent la tête d'un réseau , et portent quelquefois un bonnet de plumes d'oie blanches. Leur cou est toujours orné de colliers formés de petites coquilles. Souvent on leur voit les mêmes ornemens aux oreilles et au nez.

Leurs habitations annoncent au premier coup d'œil la grossièreté de leur génie : quelques branches inclinées, attachées ensemble et recouvertes de peaux de veaux marins, forment ces demeures. Les meubles et ustensiles de ménage répondent aux habitations. Une vessie sert à mettre l'eau , et un panier les provisions.

Du Brésil, de ses habitans, de leurs mœurs , de leur caractère , etc.

Le Brésil, ce vaste et beau pays, dont le climat est plutôt chaud que tempéré, a environ mille six cents lieues de côtes, et s'avance dans l'intérieur des terres jusqu'à une longueur de mille lieues. On évalue sa surface à deux cent mille lieues carrées.

La population de cette contrée monte à trois millions d'habitans. Les Portugais, en faisant la découverte du Brésil, il y a trois siècles, n'y trouvèrent que des hordes d'anthropophages , qui , éparses sur ce territoire, y vivaient de la chasse, de la pêche ou de la culture du maïs.

Les Indiens du Brésil estiment principalement la force du corps et la férocité ; c'est là leur point d'honneur. Depuis qu'il s'est établi dans le Brésil beaucoup d'Européens de diverses nations, le nombre des sauvages est considérablement diminué.

Les mines d'or, d'argent, d'étain, de plomb, de fer, les diamans et les pierres précieuses qui s'y trouvent en grande abondance, joints aux productions végétales, qui consistent en tabac, sucre, poivre, indigo, coton, bois de teinture, drogueries, etc., font du Brésil un des plus riches pays de la terre.

Les Brésiliens vont tout nus, hommes et femmes, excepté les jours de fêtes, qu'ils se couvrent d'une toile depuis la ceinture jusqu'aux pieds. Les hommes ont la lèvre inférieure percée par un anneau, et les femmes en portent aux oreilles. Les hommes coupent leurs cheveux, et n'en laissent qu'une touffe derrière la tête, qui pend quelquefois jusqu'au milieu du dos. Les femmes les laissent croître et les portent épars sur leurs épaules. Elles se couvrent la tête d'une coiffe de coton.

Leur nourriture ordinaire est la racine d'aipy et de manioc, dont ils font de la farine et de la bouillie, qu'on appelle *cassave*. Leur boisson est un extrait de ces mêmes racines et de maïs.

Ils n'ont ni temples ni prêtres, se contentent d'adorer le soleil et la lune, et croient à l'immortalité de l'âme. La vertu qu'ils estiment le plus, est le courage, qui les porte à s'exposer à tout pour se venger d'un ennemi. La polygamie est en usage parmi eux, et ils n'observent dans les degrés de parenté, que de ne pas épouser leurs mères ou leurs filles.

Les colons suivent le costume et les usages des Européens.

Des habitans de la Guiane, de leurs mœurs, de leur caractère et de leurs usages.

La plus grande partie de la Guiane est encore possédée par des nations indigènes, et les Européens n'occupent pas même toutes les côtes.

Dans les commencemens de l'établissement des Français en Guiane, les colons réduisaient les Indiens à l'esclavage, et en faisaient trafic; mais le gouvernement défendit cet odieux abus.

Les colons continuèrent cependant d'abuser du caractère confiant des Indiens, et, profitant de leur penchant pour les liqueurs fortes, ils les attiraient moitié de gré, moitié de force, et leur faisaient faire des travaux et des corvées dont ils les payaient fort mal.

Les hommes mêmes, qui, dans le pays, devaient, par le devoir de leur place, réprimer ces excès, en étaient souvent les complices, ou du moins toléraient ces vexations. Une telle conduite est cause de l'éloignement d'un grand nombre d'Indiens, et les quartiers voisins des établissemens français en sont maintenant dépeuplés.

Parmi toutes les nations indiennes, les Caraïbes se distinguent par leur nombre, leur activité, leur bravoure. Ils habitent en grande partie vers les établissemens des Espagnols. Ce sont les hommes les plus robustes après les Patagons. Selon les anciens voyageurs, ils sont anthropophages : il paraît du moins certain qu'ils mangent leurs ennemis.

Il serait trop long de vouloir examiner en détail les mœurs de chaque petite nation de la Guiane. Nous avons cherché à ne rassembler que les traits qui appartiennent à la pluralité des habitans indigènes de ce pays.

Les Indiens de la Guiane vivent sans aucun gouvernement régulier. Ils ne connaissent aucun partage de terres. Les plus âgés font les fonctions de capitaines, de prêtres et de médecins : on leur obéit respectueusement, et on les nomme *peii* ou *pagayers;* et, de même que chez plusieurs nations civilisées, ils jouissent de plus d'avantages que le reste de leurs compatriotes.

La polygamie est admise parmi ces peuples ; mais ils ne prennent généralement qu'une femme, dont ils sont excessivement jaloux. Les Indiens ne frappent jamais leurs enfans, pour quelque motif que ce soit : pour toute instruction, ils leur apprennent à chasser, à pêcher, à courir et à nager. Jamais ils ne se maltraitent de paroles, ni ne commettent de vol, et le mensonge leur est inconnu. Le sentiment de la reconnaissance est chez eux aussi durable que celui de la vengeance ; l'un et l'autre ne s'éteignent qu'avec la vie.

Leurs principaux vices sont l'ivrognerie et la paresse. Ces hommes ne sont ni grands, ni forts ; mais leur taille est droite, et ils jouissent en général d'une bonne santé. Leur peau est d'un rouge cuivré. En général, ils sont très-propres, et se baignent deux ou trois fois par jour. Ils se peignent le corps, et se teignent les cheveux de différentes couleurs.

Le seul vêtement qu'aient les Indiens consiste en une bande de toile de coton noire ou bleue, que les hommes portent à la ceinture, et qui est assez semblable à ce que les nègres nomment leur *camisa.* Ils l'attachent autour des reins, la font passer entre leurs cuisses, et, comme elle est très-longue, ils en jettent le bout sur leurs épaules ou le laissent traîner négligemment à terre. Les femmes, au lieu de cette bande, ont une espèce de tablier de toile de coton, orné de grains de verre, qu'elles appellent *queïou;* il est bordé de franges, et noué avec des cordons de fil de coton. La parure des femmes est de passer, dans de petits trous qu'elles se font à la lèvre inférieure, des épines, et même toutes les épingles qu'elles peuvent se procurer, et dont les pointes leur pendent sur le menton comme une espèce de barbe. Par le même moyen, elles suspendent encore à leurs oreilles de petits morceaux de liége ou de bois léger.

Les ornemens des hommes consistent en couronnes de plumes de différentes couleurs, ou en une espèce de baudrier fait de dents de tigre ou de sangliers, qu'ils portent comme un signe de leur valeur et de leur activité. Les chefs de famille se couvrent quelquefois d'une peau de tigre attachée par une plaque d'argent en forme de croissant, qu'ils appellent *caracoly.* Leurs cabanes sont couvertes de feuilles de jonc. Les meubles et les ustensiles de ces Indiens sont très-simples ; ce sont quelques pots de terre noire qu'ils façonnent eux-mêmes, quelques calebaces ou gourdes, quelques corbeilles, une pierre à moudre, etc.

Ils se nourrissent de tortues de terre et de mer, et de gibier qu'ils font sécher à la fumée, ce qui l'empêche de se corrompre. Ils ont plusieurs sortes de boissons qu'ils font avec le fruit d'une espèce de palmier. Ils ont aussi un autre breuvage qu'ils font avec du pain de cassave mâché par les femmes et fermenté avec de l'eau : ce breuvage, qu'ils nomment *pivory*, a fortement le goût de la bière douce anglaise, et peut enivrer.

Les Guianais sont très-sociables entre eux, ils se rassemblent fréquemment dans une grande chaumière, ils y dansent, ils y jouent, ou s'y amusent à conter des histoires de revenans ou de sorciers.

Les femmes Guianaises s'occupent de l'agriculture, soignent leur ménage, et ne mangent point avec leurs maris; elles les servent comme des esclaves.

OCÉANIQUE,

OU CINQUIÈME PARTIE DU MONDE.

On divise l'Océanique en trois parties : 1°. les Terres Océaniques; 2°. la Polynésie boréale; 3°. la Polynésie australe.

Les terres Océaniques comprennent des terres et des îles, dont les principales sont : les Philippines, les îles de la Sonde, l'île Célèbes, les Moluques, la Nouvelle-Zélande, la Nouvelle-Hollande, l'Archipel Calédonien, l'Archipel des Papous, etc.

La Polynésie boréale comprend les îles Pelew, les Marianes, les Carolines, les îles de Lord-Mulgrave, et les groupes d'îles qui tiennent à ces archipels.

La Polynésie australe comprend les îles Marquises, l'Archipel Dangereux ou des îles basses, les îles de Sud-Est, de la Société, des Navigateurs, des Amis, etc.

Aperçu sur le sol, le climat, les productions et les peuples qui habitent la cinquième partie du monde.

On trouve, dans cette partie du monde, des groupes d'îles considérables. Le nombre de ces îles s'élève à plusieurs milliers, dont les unes sont formées de bancs de coraux, et n'ont que peu d'élévation : les autres se font remarquer par des traces manifestes de volcans, et paraissent devoir leur existence, ou du moins leur forme actuelle, aux feux souterrains; car il n'y a pas de doute que plusieurs de ces îles n'aient fait autrefois partie du continent, et qu'elles n'en aient été séparées par les tremblemens de terre qui y sont très-fréquens. Quoique situées sous la zone torride, elles jouissent presque toutes d'un climat tempéré : celles de la mer des Indes éprouvent l'effet des moussons, et ont deux saisons bien distinctes, la sèche et la pluvieuse. Dans d'autres îles, les quatre saisons se renouvellent deux fois par an. La salubrité dépendant de la pente et de l'élévation du terrain, les îles où les eaux n'ont point assez d'écoulement, sont couvertes de brouillards ou de vapeurs funestes à la santé. Les îles de la mer du Sud sont moins riches et moins fertiles que celles de la mer des Indes, dans lesquelles on trouve des métaux précieux, des pierres fines, des perles, d'excellens fruits, des bois de teinture et d'ébénisterie, du riz, de la soie et du coton. Parmi les îles de l'Océan, il n'y a que les îles Sandwich et de la Société qui surpassent les îles de la mer des Indes en fertilité.

Toutes ces îles abondent en poissons, volaille et gibier : quant aux animaux domestiques, on n'y trouve que le chien et le porc.

On peut diviser les habitans de ces îles en deux classes ; savoir : la classe des indigènes, et celle des étrangers qui se sont établis chez eux, et les ont détruits en partie. La race indigène a beaucoup de rapports avec celle des nègres. La plus grande partie des étrangers est d'origine malaye ; aussi la langue que l'on parle à Malaca est-elle presque généralement répandue dans ces îles. Les Arabes y ont porté le mahométisme, les Indiens la religion de Brahma, les Chinois le culte de Foé , etc. Les îles qui avoisinent le continent sont plus civilisées et plus fréquentées par les étrangers que celles qui en sont éloignées.

TERRES OCÉANIQUES.

Des habitans des îles Philippines, de leur caractère, de leurs mœurs, etc.

On évalue la population de ces îles à 1,753,000 âmes, sans les Indiens indépendans de Luçon. Parmi les insulaires, on distingue les *Igolotis*, de la race des nègres ; ils sont fort attachés à leur vie indépendante : un de leurs principaux amusemens est le combat des coqs. On trouve dans ces îles beaucoup d'Américains, de créoles et de métis. Les îles Philippines sont gouvernées par un vice-roi espagnol.

Des îles de la Sonde et de leurs habitans.

On comprend sous ce nom trois grandes îles qui sont situées sous l'équateur. On les nomme *Sumatra*, *Java* et *Bornéo*. La première est séparée de Malaca par le détroit de ce nom, et de Java par le détroit de la Sonde.

Les Malais qui habitent l'île de *Sumatra* sont petits, mais bien faits. Ils fabriquent des étoffes de soie et de coton, des ouvrages en or et en argent, bois et ivoire. Leurs femmes brodent en or et en argent. Ils font généralement un usage fréquent de l'opium.

L'intérieur de Sumatra est habité par plusieurs peuplades indigènes, parmi lesquelles on distingue les *Battas*, dont les usages et le langage sont différens de ceux des Malais qui habitent Sumatra.

Les habitans de l'île de *Java* portent les traits caractéristiques des Malais : ils sont faux, paresseux et irascibles. Les Hollandais possédaient une partie du territoire de Java, et ils en faisaient tout le commerce. Leur chef-lieu était Batavia, ville très-commerçante, dont la population est de 160,000 habitans, tant Européens que Chinois, Juifs, Malais et Portugais. Les riches négocians hollandais y vivaient dans le plus grand luxe. L'air de cette capitale est très-malsain.

L'île de *Bornéo* est la plus grande des îles de la Sonde. Elle est habitée par des peuples féroces, parmi lesquels

11

on trouve les *Cidahanes*, qui offrent à leurs divinités des sacrifices humains. On y remarque aussi beaucoup de nègres indigènes.

De l'île Célèbes, de ses habitans, etc.

L'île Célèbes a cent soixante lieues de long sur soixante-dix de large. Elle est fertile en riz, fruits et épiceries. On y trouve des mines d'or, d'argent et de cuivre, des carrières de pierres, des singes et de très-gros serpens. Elle forme trois royaumes, dont le principal est Macassar, qui a pour capitale une ville du même nom. Les Hollandais y avaient plusieurs établissemens.

Célèbes est élevée et montagneuse, principalement au centre, où il y a plusieurs volcans en éruption.

Les habitans de cette île sont très-braves, agiles, industrieux et robustes. Ils professent le mahométisme.

Des îles Moluques, de leurs habitans, etc.

Les îles Moluques forment un groupe très-considérable. Elles sont peu fertiles; mais en général elles produisent tous les arbres à épices, quoique les Hollandais les aient fait détruire dans une partie de ces îles.

Les insulaires paraissent descendre des Malais. Ils sont paresseux, perfides et sauvages. Ils se nourrissent de farine de sagou, de poisson et de gibier. Leurs navires ont quatre-vingts pieds de long.

De l'île de la Nouvelle-Zélande, de ses habitans, etc.

La Nouvelle-Zélande consiste en deux îles assez considérables, et séparées par le détroit de Cook.

Les naturels ont le teint basané; leurs traits approchent de ceux des Européens. Le suicide est commun parmi eux, et ils ont beaucoup de penchant au vol. Leur habillement se compose en général d'une robe longue, faite de lin soyeux. ils portent aux oreilles des petits morceaux de jade ou des chapelets, et se barbouillent le visage de rouge. Leurs barques ont cinquante pieds de long. Leurs armes sont la lance, la javeline et la massue.

De la Nouvelle-Hollande, de ses habitans, etc.

Cette île immense a plus de trente-deux mille lieues carrées. Dans le nord, le climat y est très-chaud; il est modéré au sud. La Nouvelle-Hollande étant située sous le tropique du capricorne, les saisons y sont inverses de celles de l'Europe, qui est située sous le tropique du cancer; c'est-à-dire que, quand nous avons l'été, les habitans de la Nouvelle-Hollande ont l'hiver, et ainsi de suite pour les autres saisons. La population de cette île est fort médiocre: on n'y a jamais vu que des troupes de cent à deux cents indigènes à la fois. Ils paraissent tous faire partie de la race des nègres; ils sont sauvages, et mènent une vie très-misérable.

Jusqu'à présent ce nouveau monde est resté comme

fermé aux regards des Européens. De hardis navigateurs en ont fait le tour, et en ont relevé les côtes; mais lorsqu'ils ont voulu pénétrer dans l'intérieur, ils ont rencontré des obstacles insurmontables.

De l'archipel Calédonien, de ses habitans, etc.

L'archipel Calédonien comprend la Nouvelle-Calédonie, les Nouvelles-Hébrides, et les Terres du Saint-Esprit.

Les habitans de la *Nouvelle-Calédonie* ont les cheveux laineux, la taille médiocre et la peau noire. Ils sont anthropophages, se nourrissent de coquillages, de poisson, de racines, et d'une espèce d'araignée appelée *aranea edulis*. Les femmes n'ont d'autre vêtement qu'une ceinture de filamens d'écorce. Les hommes cultivent des ignames et des patates.

Les habitans des *Nouvelles-Hébrides* ont le teint d'un noir tirant sur le brun. Ils sont d'une moyenne taille, musculeux et forts; ils ont la barbe épaisse, noire et bouclée, la chevelure noire et hérissée, l'air mâle et guerrier. Les femmes des Nouvelles-Hébrides sont faibles et petites : elles sont très soumises à leurs maris.

Pleins de défiance envers les étrangers, les Hébridiens ne s'abandonnent aux mouvemens naturels de leur âme et n'exercent l'hospitalité que lorsqu'ils croient n'avoir rien à craindre de la part de ceux qui viennent les visiter.

Les *Terres du Saint-Esprit* comprennent plusieurs îles, dont les principales sont celle du *Saint-Esprit* et celle de *Mallicolo*.

L'*île du Saint-Esprit* est la métropole de l'archipel. Elle a plus de soixante lieues de circuit. Les habitans de cette île ont le teint noir, sont plus forts et mieux faits que ceux de Mallicolo. Leurs cheveux sont laineux et bouclés.

L'*île de Mallicolo* est très-fertile : elle renferme environ 50,000 habitans, qu'on pourrait presque regarder comme une espèce de singes; car ils sont très-hideux et mal proportionnés, petits et d'une couleur bronzée. Leur barbe forte et touffue est ordinairement noire et courte. Ce qui ajoute à leur difformité, c'est une ceinture qu'ils portent tout autour des reins, et qu'ils serrent si étroitement sur le ventre, que la forme de leurs corps est semblable à celle d'une fourmi. Les hommes vont nus, et se peignent le visage en noir. Les Mallicolais font des flèches empoisonnées, dont la blessure donne une mort prompte.

De l'archipel des Papous, de ses habitans, etc.

L'archipel des Papous comprend la Nouvelle-Guinée et les pays adjacens.

La *Nouvelle-Guinée*, que l'on ne connaît pas encore parfaitement, forme une île de mille sept cents lieues de surface. On y trouve de l'or et d'autres minéraux, des cocotiers, des arbres à pain, des citronniers, des muscadiers, etc., des perroquets, des oiseaux de paradis, des oies de mer, etc. Cette île est habitée par les *Papous*, nègres sauvages, très-agiles et armés de massues, de lances et de sabres de bois. Ils ont une longue barbe, se teignent les dents en noir, et portent des anneaux aux narines et aux oreilles. Leurs habitations sont construites dans l'eau sur des pilotis.

La *Louisiade*, qui dépend de l'archipel des Papous, a été découverte par M. de Bougainville : c'est une chaîne d'îles située au sud-est de la Nouvelle-Guinée.

Les habitans de la Louisiade ont leurs cabanes construites comme celles des Papous. Ils sont armés de sagaies et d'un bouclier au bras gauche, arme défensive qui n'est pas commune parmi les sauvages de cette partie du monde. Leurs haches sont de *serpentine*. Ils aiment beaucoup les odeurs, et parfument la plupart des objets dont ils se servent.

Des îles Sandwich, de leurs habitans, etc.

Ces îles ont été découvertes par le capitaine Cook, qui leur a donné le nom d'*îles Sandwich*. On en compte onze, qui sont voisines les unes des autres, et qui n'ont pas une grande étendue. Le climat en est tempéré ; les productions en sont les mêmes que celles des autres îles de l'Océan. La canne à sucre et le pisang y acquièrent une hauteur et une grosseur extraordinaires. Il y a peu d'animaux domestiques dans ces îles ; mais les oiseaux et les poissons y abondent.

Les insulaires ont le teint rouge foncé ; ils sont excellens nageurs. Leur langue est celle qu'on parle à Otahiti. Ils habitent des bourgades de cent à deux cents maisons, et se nourrissent de pisang, de cannes à sucre, de porcs, de chiens gras et de gibier. Les armes de ce peuple sont la lance, la fronde et la massue. Dans la religion qu'il professe, les sacrifices humains sont regardés comme des actes de piété. On évalue la population des îles Sandwich à cent mille âmes.

La plus grande de ces îles est *Owhihée* ou *Oweihi* ; elle a cent vingt lieues de tour.

POLYNÉSIE BORÉALE.

Des îles Pelew, de leurs habitans, etc.

Ces îles ont en général une élévation moyenne : des bois épais les couvrent ; un long ressif de corail, qui s'étend à deux lieues du rivage, et en quelques endroits jusqu'à six, les environne à l'ouest ; elles sont toutes longues et étroites.

Les habitans des îles Pelew ont le teint très-basané ; ils mâchent constamment du bétel, à la manière des insulaires de la mer du sud. Leurs armes tranchantes sont faites avec des coquilles, et les nattes sur lesquelles ils couchent, sont de feuilles de pisang. On vante beaucoup leur caractère doux et hospitalier. La ville de Pelew est la résidence d'un roi indigène.

Des îles Marianes ou îles des Larrons, de leurs habitans, etc.

Ces îles furent découvertes en 1521 par Magellan qui les appela *îles des Larrons*, à cause du penchant des habitans pour le vol, et de leur adresse à l'exécuter; mais, sous Philippe IV, on leur donna celui d'*îles Marianes*, en l'honneur de Marie-Anne d'Autriche.

Les habitans de ces îles vont toujours nus; ils sont grands, bien faits, et ont le teint olive; ils laissent croître leurs cheveux et leur barbe comme ceux des îles Pelew; les mœurs et les coutumes de ces deux peuples ont beaucoup de rapports.

Des îles Carolines, de leurs habitans, etc.

Ces îles furent découvertes en 1686 par les Espagnols, qui les appelèrent *Carolines*, du nom de leur roi Charles II; elles sont au nombre de trente environ, très-fertiles mais sujettes à des ouragans terribles. Elles ne sont pas très peuplées. Les principales de ces îles sont celles d'*Hogoleu* et d'*Yap*.

Les habitans des îles Carolines sont de couleur de cuivre foncé; ils ont les cheveux bouclés et non laineux, se nourrissent principalement de poisson et de noix de coco. Ces insulaires croient à des esprits célestes; mais ils n'ont ni temples, ni idoles, ni la moindre apparence de culte.

La polygamie y est permise. Chaque île a son chef particulier. La résidence du roi est dans l'île Lamurca.

Des îles Mulgraves.

Les îles Mulgraves sont très-peu connues; elles ont été découvertes en 1788 par le capitaine Marshall. On n'en connaît guère que la position. Ces îles semblent faire la prolongation de l'archipel des Carolines.

POLYNÉSIE AUSTRALE.

Des îles Marquises, de leurs habitans, etc.

Ces îles furent découvertes par Mendana; elles sont hérissées d'énormes rochers: il y a cependant des endroits fertiles; l'arbre à pain y parvient au plus haut degré de beauté. Quant aux animaux on n'y a trouvé que des porcs, des rats, des poules et quelques oiseaux.

Les Marquesans sont forts et bien faits, ils l'emportent sur tous les autres peuples, par les belles proportions de leurs formes et la régularité de leurs traits; et s'ils n'avaient la manie de se *tatouer*, c'est-à-dire de se noircir la peau par de nombreuses piqûres, leur teint ne serait que basané. Ils ont les cheveux de plusieurs couleurs, mais aucun ne les a rouges. On y voit des femmes presque aussi blanches que nos brunes européennes, elles se tatouent moins généralement que les hommes. Leur vêtement consiste en un morceau d'étoffe noué autour des hanches. Les habitans de l'île *Baux* ou *Noukahiva* se tatouent entièrement le corps d'une manière très-habile.

Les pirogues des Marquesans, longues ordinairement de quinze à vingt pieds, sont construites en bois, et recouvertes d'une écorce d'arbre très souple. La proue offre une tête d'homme grossièrement sculptée. Les canots des îles *Marchand* et *Baux*, dépendantes des îles Marquises, sont d'une construction plus solide et plus élégante.

A quelque distance des îles Marquises, on trouve l'*Archipel dangereux*; c'est un groupe d'îles basses ou de rochers de coraux, dont le flux s'étend sur les côtes. Les habitans subsistent en grande partie de la pêche.

Des îles de Sud-Est, de leurs habitans, etc.

La plus considérable de ces îles est celle située au sud-est des Marquises, et découverte par Mendana, qui lui a donné le nom d'*île de Pâques*, parce qu'il y aborda ce jour-là. Cette île n'est pas d'une grande étendue. Le territoire est montagneux et aride : il produit néanmoins des légumes, des patates et des fruits. On y trouve aussi de la volaille.

Les habitans de l'île de Pâques sont basanés, vont presque nus, et professent un paganisme grossier. Leurs moraïs ou cimetières sont d'une structure remarquable ; ce sont des espèces de plate-forme, où s'élèvent des colonnes informes, ayant quelquefois quinze pieds de haut, surmontées d'un buste grossièrement sculpté, dont la face n'a pas moins de cinq pieds. Les habitans construisent aussi des huttes en pierres, dont la porte est si basse, qu'ils sont obligés de se traîner sur les genoux et sur les mains pour y entrer. Le côté du mur exposé au plus grand vent est beaucoup plus élevé que le toit, qui est fait en façon de terrasse.

Des îles de la Société, de leurs habitans, etc.

Ces îles ont été découvertes par Cook, qui leur a donné le nom d'*îles de la Société*. On en compte plus de soixante. La plus grande est celle d'*Otahiti*, île composée de deux presqu'îles, jointes par un isthme. La végétation y est très-belle. L'arbre à pain, le pisang, le cocotier, le mûrier à papier, la canne à sucre et la patate, suffisent à la subsistance des habitans et les dispensent des travaux pénibles de l'agriculture. Les fruits de trois arbres à pain peuvent nourrir une personne pendant huit mois.

Les Otahitiens sont beaux, agiles et habiles dans tous les exercices du corps ; les femmes ont beaucoup de grâces naturelles, leur langue est douce et harmonieuse. Le tatouage est chez eux une mode générale, ils se nourrissent de porcs, de chiens, de rats et de poules. Pendant la saison sèche, ils se couvrent de plusieurs pièces d'étoffes qu'ils fabriquent avec des écorces d'arbres, et auxquelles ils donnent une couleur tirant sur le jaune et le rouge. Quand la saison pluvieuse arrive, ils se couvrent de nattes habilement tressées. La population d'Otahiti monte à environ huit mille âmes.

Les autres îles dépendantes d'Otahiti sont entourées de ressifs de coraux : les insulaires s'y livrent à la pêche.

Des îles des Navigateurs, de leurs habitans, etc.

Les îles des Navigateurs sont au nombre de sept ; elles ont été découvertes par M. de Bougainville, qui les a nommées *îles des Navigateurs*, parce que les habitans avaient un grand nombre de pirogues et montraient une adresse admirable à les diriger.

L'*île Maouna*, la principale de ces îles, est couverte de cocotiers, d'arbres à pain, d'orangers, etc. Les bosquets y sont peuplés de ramiers et de tourterelles.

Les hommes qui habitent ces îles sont d'une haute stature et d'une force peu commune. Les femmes y sont très-jolies. Quoique les insulaires de ce groupe d'îles se distinguent par une férocité de caractère, ils ont cependant beaucoup d'industrie, d'adresse, et sont même inventifs : avec de simples outils de basalte, ils réussissent à polir parfaitement leurs ouvrages en bois. Non-seulement ils font des étoffes d'écorces, mais ils en fabriquent encore avec une espèce de lin qui ressemble à celui que l'on trouve dans la Nouvelle-Zélande.

Des îles des Amis, de leurs habitans, etc.

Ces îles furent découvertes en 1643 par Tasman, qui en avait nommé la principale *Amsterdam* ou *Tonga-tabou*; elle a vingt lieues de tour. L'air qu'on respire dans cette île est pur et sain ; le sol y est couvert d'arbres fruitiers et de plantes odoriférantes ; mais on y manque d'eau douce. Les côtes méridionales et orientales sont bordées de ressifs de coraux.

Les habitans des îles des Amis méritent le nom que Cook leur a donné ; ils exercent entre eux une libéralité et une générosité étonnante. L'infanticide, crime atroce dont plusieurs peuples de la cinquième partie du monde, et notamment les Otahitiens se rendent coupables, leur est inconnu. Cependant ils sont loin d'user des mêmes procédés envers les étrangers ; car ils ne se font aucun scrupule de les voler, et même quelquefois de les offrir en sacrifice à leurs divinités. Ces insulaires sont sans prêtres, quoiqu'ils aient une foule de divinités et un culte public. Ils sont très-bons navigateurs ; leur flotte est plus respectable que celle des Otahitiens, et leurs pirogues sont mieux construites. Les femmes s'occupent d'ouvrages de vannerie, qu'elles font avec goût et élégance. La polygamie est permise parmi eux, et les femmes y sont traitées en esclaves.

TABLE DES LATITUDES ET DES LONGITUDES,

D'APRÈS LE MÉRIDIEN DE PARIS,

DES CONTRÉES, ÉTATS ET VILLES LES PLUS REMARQUABLES DÉCRITS DANS CET OUVRAGE.

EUROPE.

Entre les 36°. et 72°. degrés de latitude N.
— le 13°. degré de longitude O., et le 61°. deg. de longitude E.

ROYAUME DE FRANCE.

Entre les 42°. et 51°. degrés de latitude N.
— le 7°. degré de long. O. , et le 6°. degré de longitude E.

GOUVERNEMENS DE LA FRANCE EN DIVISIONS MILITAIRES.

DIVISIONS.	DÉPARTEMENS.	CHEFS-LIEUX.	LATITUDES.	LONGITUDES.
			Degr. M. S.	Degr. M. S.
Ier.	Seine. / Seine-et-Oise. / Seine-et-Marne. / Oise. / Loiret. / Aisne. / Eure-et-Loire.	Paris.	48. 50. 15	0.
IIe.	Ardennes. / Meuse. / Marne.	Châlons.	48. 57. 28	2. 2. 12
IIIe.	Moselle.	Metz.	49. 7. 5	3. 51. 12
IVe.	Meurthe. / Vosges.	Nancy.	48. 41. 28	3. 50. 16
V^e.	Haut-Rhin. / Bas-Rhin.	Strasbourg.	48. 34. 56	5. 24. 36

DIVISIONS.	DÉPARTEMENS.	CHEFS-LIEUX.	LATITUDES.	LONGITUDES.
			Degr. M. S.	Degr. M. S.
VIe.	Ain. / Doubs. / Jura. / Haute-Saône.	Besançon.	47. 14. 12	3. 42. 46
VIIe.	Isère. / Drôme. / Hautes-Alpes.	Grenoble.	45. 11. 42	3. 23. 34
VIIIe.	Basses-Alpes. / Vaucluse. / Bouches-du-Rhône. / Var.	Marseille.	43. 17. 45	3. 2. 8
IXe.	Ardèche. / Gard. / Lozère. / Hérault. / Tarn. / Aveyron.	Montpellier.	43. 36. 33	1. 32. 25
X^e.	Aude. / Pyrénées-Orientales. / Ariège. / Haute-Garonne. / Hautes-Pyrénées. / Gers. / Tarn-et-Garonne.	Toulouse.	43. 35. 54	0. 53. 39
XIe.	Landes. / Gironde. / Basses-Pyrénées.	Bordeaux.	44. 50. 12	2. 54. 14
XIIe.	Charente-Inférieure. / Loire-Inférieure. / Deux-Sèvres. / Vendée. / Vienne.	La Rochelle.	46. 9. 43	3. 24.

DIVISIONS.	DÉPARTEMENS.	CHEFS-LIEUX.	LATITUDES.	LONGITUDES.
			Degr. M. S.	Degr. M. S.
XIIIe....	Côtes-du-Nord.... / Finistère........ / Ille-et-Vilaine.... / Morbihan.......	Rennes...	45. 6. 5	4. 1. 2
XIVe....	Manche......... / Calvados........ / Orne..........	Caen....	49. 11.	2. 41.
XVe....	Seine-Inférieure.... / Somme......... / Eure..........	Rouen....	49. 26. 28	1. 14. 16
XVIe....	Nord.......... / Pas-de-Calais.....	Lille.....	50. 67. 50	0. 44. 16
XVIIe...	Aube.......... / Haute-Marne...... / Yonne......... / Côte-d'Or....... / Saône-et-Loire....	Dijon...	47. 19. 25	2. 41. 50
XVIIIe..	Rhône......... / Loire.......... / Cantal......... / Puy-de-Dôme..... / Haute-Loire......	Lyon....	45. 52.	2 29. 9
XIXe....	Corrèze......... / Lot.......... / Lot-et-Garonne.... / Dordogne....... / Charente.......	Périgueux..	45. 11. 10	2. 36. 41
XXe....	Cher.......... / Indre......... / Allier......... / Creuse......... / Nièvre......... / Haute-Vienne....	Bourges...	47. 4. 58	0. 3. 45
XXIe....	Sarthe......... / Indre-et-Loire.... / Maine-et-Loire.... / Mayenne....... / Loir-et-Cher.....	Tours....	47. 23. 44	1. 38. 28
XXIIe...	Corse..........	Bastia....	39. 42.	17. 52.

ROYAUME DES PAYS-BAS,

Entre les 50e. et 54e. degrés de latitude N. — le o et le 5e. degré de longitude E.

	LATITUDES.	LONGITUDES.
	Degr. M. S.	Degr. M. S.
Amsterdam, capitale de la Hollande........	52. 21. 56	2 31. 32
La Haye, cap. de tous les Pays-Bas........	52. 3. 5	1. 56. 25
Bruxelles, cap. de la Belgique..........	50. 50.	2. 1. 30
Luxembourg, cap. du duché de Luxembourg...	49. 37. 38	3. 49. 26

SUISSE,

Entre les 46e et 48e. degrés de latitude N. — les 4e. et 8e. degrés de longitude E.

		LATITUDES.	LONGITUDES.
Villes où se tient successivement la diète.	Berne............	46. 56. 55	5. 6.
	Zurich...........	47. 22. 13	6. 11. 27
	Lucerne..........	47. 55.	5. 51.

ALLEMAGNE, ou CONFÉDÉRATION GERMANIQUE,

Entre les 46e. et 55e. degrés de latitude N. — les 4e. et 16e. degrés de longitude E.

	LATITUDES.	LONGITUDES.
Vienne, capitale de tout l'empire Autrichien..	48. 12. 26	14. 2. 30
Prague, cap. de la Bohême..........	50. 5. 10	12. 4. 50
Presbourg, cap. de la Haute-Hongrie......	48. 8. 7	14. 50. 30
Bude, cap. de la Basse-Hongrie........	47. 29. 44	16. 41. 30

PRUSSE, { Entre les 50e. et 55e. degrés de lat. N. / — les 4e. et 21e. degrés de long. E,

	LATITUDES.	LONGITUDES.
Berlin, capitale de la Prusse.........	52. 31. 30	11. 2. 30
Munich, cap. de la Bavière..........	48. 8. 42	9. 14.
Dresde, cap. de la Saxe...........	51. 2. 54	11. 18.
Hanovre, cap. du royaume de Hanovre...	52. 22. 18	7. 24. 15
Stutgard, cap. du royaume de Wurtemberg..	48. 56. 15	8. 36. 30
Cassel, cap. de la Basse-Electorale......	50. 47. 54	0. 9. 9
Carlsruhe, cap. du Grand-Duché de Bade...	48. 59. 51	6. 0. 50
Villes libres.	Francfort-sur-le-Mein.	50. 7. 29	6. 15. 45
	Hambourg.......	53. 34. 8	7. 33. 45
	Lubeck........	53. 59.	8. 29. 45
	Brême........	53. 4. 45	6. 27. 48

12

ROYAUME DE POLOGNE.	LATITUDES.	LONGITUDES.
Entre les 47°. et 58°. degrés de lat. N. — les 13°. et 31°. degrés de long. E.	Degr. M. S.	Degr. M. S.
Varsovie, capitale de la Pologne.	52. 14. 28	18. 42. 14

ILES BRITANNIQUES.

Entre les 50°. et 61°. degrés de lat. N.
— les 1er. et 13°. degrés de long. E.

ANGLETERRE, { Entre les 50°. et 56°. degrés de lat. N. — les 1er. et 9°. degrés de long. O.

ÉCOSSE, { Entre les 55°. et 59°. degrés de lat. N. — les 4°. et 9°. degrés de long. O.

IRLANDE, { Entre les 51°. et 56°. degrés de lat. N. — les 9°. et 13°. degrés de long. O.

	LATITUDES.	LONGITUDES.
Londres, capitale de l'Angleterre.	51. 31. 49	2. 25. 47
Edimbourg, cap. de l'Écosse.	55. 56. 57	5. 30. 30
Dublin, cap. de l'Irlande.	53. 21. 11	8. 56. 15

DANEMARK,

Entre les 54°. et 58°. degrés de lat. N.
— les 6°. et 9°. degrés de long. E.

Copenhague, capitale du Danemark.	55. 41. 4	10. 15. 30

SUÈDE,

Entre les 55°. et 70°. degrés de lat. N.
— les 8°. et 29°. degrés de long. E.

Stockholm, capitale de la Suède.	57. 20. 3	15. 43. 45

NORWÈGE, { Entre les 58°. et 71°. degrés de lat. N. — les 3°. et 10°. degrés de long. E.

Christiania, capitale de la Norwège.	59. 55. 20	8. 28. 30

RUSSIE D'EUROPE,	LATITUDES.	LONGITUDES.
Entre les 40°. et 71°. degrés de lat. N. — les 15°. et 60°. degrés de long. E.	Degr. M. S.	Degr. M. S.
Saint-Pétersbourg, capitale de la Russie d'Europe.	59. 56. 23	27. 59.

PORTUGAL,

Entre les 37°. et 42°. degrés de lat. N.
— les 8°. et 12°. degrés de long. O.

Lisbonne, capitale du Portugal.	38. 42. 20	11. 26. 40

ESPAGNE,

Entre les 36°. et 44°. degrés de lat. N.
— le 12°. de long. O. et le 1er. de long E.

Madrid, capitale de l'Espagne.	40. 25. 20	6. 3. 15

ITALIE,

Entre les 37°. et 47°. degrés de lat. N.
— les 6°. et 17°. degrés de long. E.

	LATITUDES.	LONGITUDES.
Turin, capitale du royaume de Sardaigne. . .	45. 4. 14	5. 20.
Milan, cap. du royaume Lombard-Vénitien. .	45. 25. 5	6. 51. 15
Parme, cap. du duché du même nom.	44. 48. 1	8. 0. 19
Plaisance, cap. du duché du même nom. . . .	42. 3. 10	7. 4. 15
Guastalla, cap. du duché du même nom. . .	44. 54. 58	8. 19. 31
Modène, cap. du duché du même nom.	44. 34.	8. 47.
Reggio, cap. du duché de Reggio.	44. 43.	8. 13.
La Mirandolle, cap. du duché de La Mirandolle.	44. 52.	8. 50.
Massa, cap. du duché de Massa.	44. 1.	7. 45.
Florence, cap. du grand-duché de Toscane. . .	43. 46. 30	8. 43. 30
Lucques, cap. du duché de Lucques.	43. 49. 3	8. 15.
Rome, cap. des États du Pape.	41. 58. 54	10. 7. 30

ROYAUME DE NAPLES,

Entre les 38°. et 43°. degrés de lat. N.
— les 10°. et 17°. degrés de long. E.

Naples, capitale du royaume du même nom. . .	40. 50. 15	11. 59. 30

TURQUIE D'EUROPE,	LATITUDES.	LONGITUDES.
Entre les 36°. et 48°. degrés de lat. N. — les 14°. et 29°. degrés de long. E.	Degr. M. S.	Degr. M. S.
Constantinople, capitale de la Turquie d'Europe.	41. 1. 27	26. 35.

****

ASIE,

Entre l'équateur et le 72°. degrés de lat. N. — le 25°. degré de long. E., et le 170°. de long. O.

TURQUIE D'ASIE,

Entre les 30°. et 45°. degrés de lat. N. — les 26°. et 45°. degrés de long. E.

Villes principales de la Turquie d'Asie. { Trébisonde.	41. 2.	37. 23. 30
Alep.	36. 11. 25	34. 50.
Diarbékir.	37. 54.	37.
Erzerom.	39. 58. 35	39. 15. 45

ARABIE,

Entre les 13°. et 34°. degrés de lat. N. — les 30°. et 56°. degrés de long. E.

Villes principales de l'Arabie. { Médine.	25. 20.	37. 3.
La Mecque.	21. 28. 9	37. 54. 45

PERSE,

Entre les 25°. et 41°. degrés de lat. N. — les 43°. et 60°. degrés de long. E.

Teheran, capitale de la Perse.	36.	49. 20.

INDE,

Entre les 6°. et 36°. degrés de lat. N. — les 64°. et 90°. degrés de long. E.

CHINE, { Entre les 20°. et 41°. degrés de lat. N. — les 94°. et 120°. degrés de long. E.	LATITUDES.	LONGITUDES.
	Degr. M. S	Degr. M. S.
Pekin, capitale de la Chine.	39. 54. 13	114. 7. 30
TATARIE, { Entre les 35°. et 55°. degrés de lat. N. — les 50°. et 70°. degrés de long. E.		
RUSSIE D'ASIE, { Entre les 50° et 76° deg. de lat. N. — les 57°. deg. de long. E., et 170°. de long. O.		
Tobolsk, capitale de la Russie d'Asie.	58. 11. 43	65. 45. 44

****

AFRIQUE,

Entre le 37°. deg. de lat. N. et le 34°. de lat. S. — le 19°. de long. O., et le 50°. de long. E.

ÉGYPTE, { Entre les 23°. et 32°. degrés de lat. N. — les 25°. et 32°. degrés de long. E.		
Caire, capitale de l'Égypte.	30. 2. 21	28. 58. 30
BARBARIE, { Entre les 25°. et 37°. degrés de lat. N. — le 14°. de long. O., et le 26°. de long. E.		
SAHARA, { Entre les 15°. et 30°. degrés de lat. N. — les 10°. et 20°. degrés de long. O.		
NIGRITIE, { Entre les 4°. et 25°. degrés de lat. N. — les 5°. et 10°. degrés de long. O.		
GUINÉE, { Entre les 10°. et 5°. degrés de lat. N. — les 4°. et 17°. degrés de long. O.		
ABYSSINIE, { Entre les 7°. et 15°. degrés de lat. N. — les 31°. et 41°. degrés de long. E.		
NUBIE, { Entre les 11°. et 24°. degrés de lat. N. — les 33°. et 36°. degrés de long. E.		

AMÉRIQUE,

Entre le 80°. degré de lat. N., et le 56°. de lat. S.,
— les 30°. et 170°. de long. O.

	LATITUDES.	LONGITUDES.
	Degr. M. S.	Degr. M. S.
AMÉRIQUE SEPTENTRIONALE. { Entre les 6°. et 80°. deg. de lat. N. — les 30° et 170° de long. O.		
Quebec, ville capitale du Canada.	46. 47. 30	73. 30.
Philadelphie, ville capitale des États-Unis. . . .	39. 56. 55	77. 36. 17
Nouvelle-Orléans, capitale de la Louisiane. . . .	29. 57. 45	92. 18. 45
AMÉRIQUE MÉRIDIONALE. { Entre 12°. degré de lat. N. et le 56°. de lat. S. — les 37°. et 85°. degrés de long. O.		
NOUVELLE-GRENADE. { Entre le 12°. deg. de lat. N., et le 5°. de lat. S. — les 70°. et 85°. de long. O.		
Carthagène, capitale de la Nouvelle-Grenade. . .	10. 25.	78. 2. 54
PÉROU, { Entre les 5°. et 20°. degrés de lat. S., — les 65°. et 84°. de long. O.		
Lima, capitale du Pérou.	12. 1. 15	79. 9. 30
PLATA, { Entre les 12°. et 37°. degrés de lat. S. — les 54°. et 74°. degrés de long. O.		
Potosi, capitale de la Plata.	19. 55.	69. 50.
CHILI, { Entre les 24°. et 44°. degrés de lat. S., — le 76°. de longitude O.		
San-Jago, capitale du Chili.	33. 40.	73. 15.

	LATITUDES.	LONGITUDES.
	Degr. M. S.	Degr. M. S.
PATAGONIE. { Entre les 36°. et 54°. degrés de lat. S. — les 60°. et 78°. degrés de long. O.		
BRÉSIL, { Entre les 1er. et 33°. degrés de lat. S. — les 36°. et 70°. degrés de long. O.		
Rio-Janeiro, capitale du Brésil.	22. 24. 10	44. 58. 6
GUYANE. { Entre les 1er. et 8°. degrés de lat. N., — les 53°. et 61°. degrés de long. O.		
Paramaribo, capitale de la Guyane hollandaise. .	3. 35.	57. 44.
Cayenne, capitale de la Guyane française. . . .	4. 56. 15	54. 35.

OCÉANIQUE,

Entre le 35°. degrés de lat. N., et le 50°. de lat. S.,
— 93°. de long. E., et 102°. de long. O.

	LATITUDES.	LONGITUDES.
TERRES OCÉANIQUES, { Entre les 20°. degrés de lat. N., 13°. de lat. S., 93°. de long. E. Jusqu'au 132°. degrés de long. E.		
POLYNÉSIE, { Divisée en Polynésie Boréale et en Polynésie Australe, entre les 35°. deg. de lat. N., 50°. de lat. S., 125°. de long. E., et 102°. de long. O.		

FIN.

TABLE DES MATIÈRES

CONTENUES

DANS LE PRÉCIS ÉLÉMENTAIRE DE GÉOGRAPHIE MODERNE.

CINQUIÈME PARTIE DU MONDE.

FIN DE LA TABLE DES MATIÈRES.

TABLE DES CARTES

CONTENUES

DANS CET ATLAS.

FIN DE LA TABLE DES CARTES.

Longitude du Méridien de l'Isle de Fer

OCEAN GLACIAL ARCTIQUE

Baye
de Baffin

Terres Arctiques

GROENLAND

Spitzberg

C. Vainqueur Nord

OCEAN GLACIAL
ARCTIQUE

Cercle Polaire

AMÉRIQUE SEPT.

Baye
d'Hudson

Nouvelle
Angleterre

Canada

Terre Neuve

Ecosse

Islande

Laponie

Toungouses
SIBERIE

Cercle Polaire Arctique

EMPIRE DE RUSSIE

Mer
d'Ochotsk

Gd. OCEAN BOREAL

Louisiane

Golfe de
Mexique

Bermudes

Portugal
Espagne

Maroc

BAY BARIE

EGYPTE

PERSE

Tibet

CHINE

A   S   I   E

Tropique du Cancer

GRAND OCEAN

Equateur

I. Galapagos

AMÉRIQUE

AFRIQUE

Nubie

Bengale

Philippines

Tropique du Cancer

EQUATORIAL

Perou

Brésil

LIGNE

Congo

ÉTHIOPIE

OCEAN ATLANTIQUE

Isles du
Cap Verd

Benguela

Hottentots

C. de B. Espérance

EQUINOXIALE

I. de Ceylon

I. Sumatra

I. de Java

MER
DES INDES

NOUVELLE
HOLLANDE

Tropique du Capricorne

MÉRID.

Paraguay

C. Blanc

C. Horn

I. Falkland

I. de Géorgie

Terre de Feu

I. Dernière

I. D'Hiver
par Kerguelen

Tr. de Van Diemen

Gd. OCEAN AUSTRAL

Gd. OCEAN AUSTRAL

N.le Zéelande

Terres de Sandwich

OCEAN GLACIAL ANTARCTIQUE

Cercle Polaire Antarctique

PLANISPHÈRE
D'après les nouvelles
Observations

Longitude Occidentale du Méridien de Paris

Longitude Orientale du Méridien de Paris

MAPPE-MONDE
EN DEUX HÉMISPHÈRES
L'ORIENTAL ET
L'OCCIDENTAL.

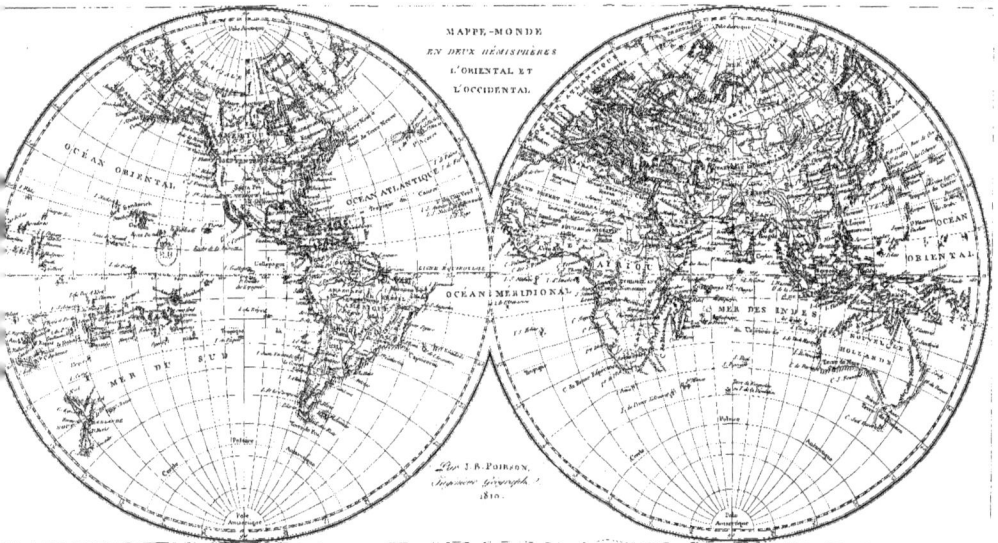

OCÉAN ORIENTAL

OCÉAN ATLANTIQUE

OCÉAN

ORIENTAL

OCÉAN MÉRIDIONAL

AFRIQUE

MER DES INDES

MER DU SUD

Par J. B. POIRSON,
Ingénieur Géographe.
1810.

CARTE DE
L'EUROPE
d'après les derniers
Traités de Paix.

OCÉAN SEPTENTRIONAL

OCÉAN OCCIDENTAL

ISLES BRITANNIQUES

PARTIE D'ASIE

SIBÉRIE

MER NOIRE

ASIE

MER MÉDITERRANÉE

AFRIQUE

TURQUIE

AUTRICHE

EMPIRE

ANATOLIE

RUSSIE
D'EUROPE
PARTIE MÉRIDIONALE
Corrigée et augmentée
en 1816.

ISLE D'ISLANDE

MER GLACIALE

SEPTENTRIONAL

OCÉAN

D'EUROPE

S U È D E

ANGLETERRE

MER BALTIQUE

POLOGNE

PRUSSE

SUÈDE,
DANEMARCK, NORWÈGE
ET LAPONIE.
CORRIGÉS et AUGMENTÉS
en 1816.

Gravé par Tardieu, Rue de Bièvre N.º 18.

Longitude Orientale du Méridien de Paris.

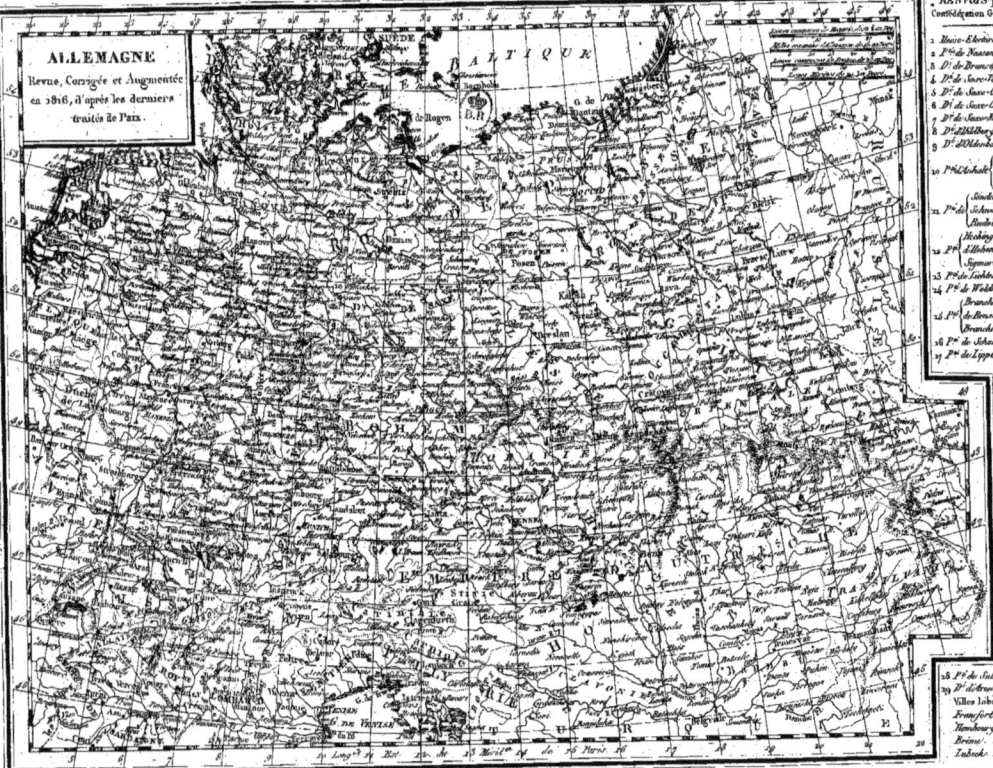

ALLEMAGNE
Revue, Corrigée et Augmentée
en 1816, d'après les derniers
traités de Paix.

RENVOIS pour la
Confédération Germanique.

1 Maison Électorale.
2 Pᵗ de Bavière.
3 Dᵗ de Brunswick.
4 Dᵗ de Saxe-Weimar.
5 Dᵗ de Saxe-Gotha.
6 Dᵗ de Saxe-Cobourg.
7 Dᵗ de Saxe-Meiningen.
8 Dᵗ d'Hildburghausen.
9 Dᵗ d'Oldenbourg.
   Dessau.
10 Pᵗ d'Anhalt Bernbourg.
   Cöthen.
   Sonderhausen.
11 Pᵗ de Schwarzbourg
   Rudolstadt.
   Hechingen.
12 Pᵗ d'Hohenzollern.
   Sigmaringen.
13 Pᵗ de Lichtenstein.
14 Pᵗ de Waldeck.
   Branche ainée.
15 Pᵗ de Reuss.
   Branche Cadette.
16 Pᵗ de Schaumbourg-Lippe.
17 Pᵗ de Lippe.

38 Pᵗ de Salm.
39 Dᵗ d'Arremberg.
   Villes libres.
   Francfort.
   Hambourg.
   Brême.
   Lubeck.

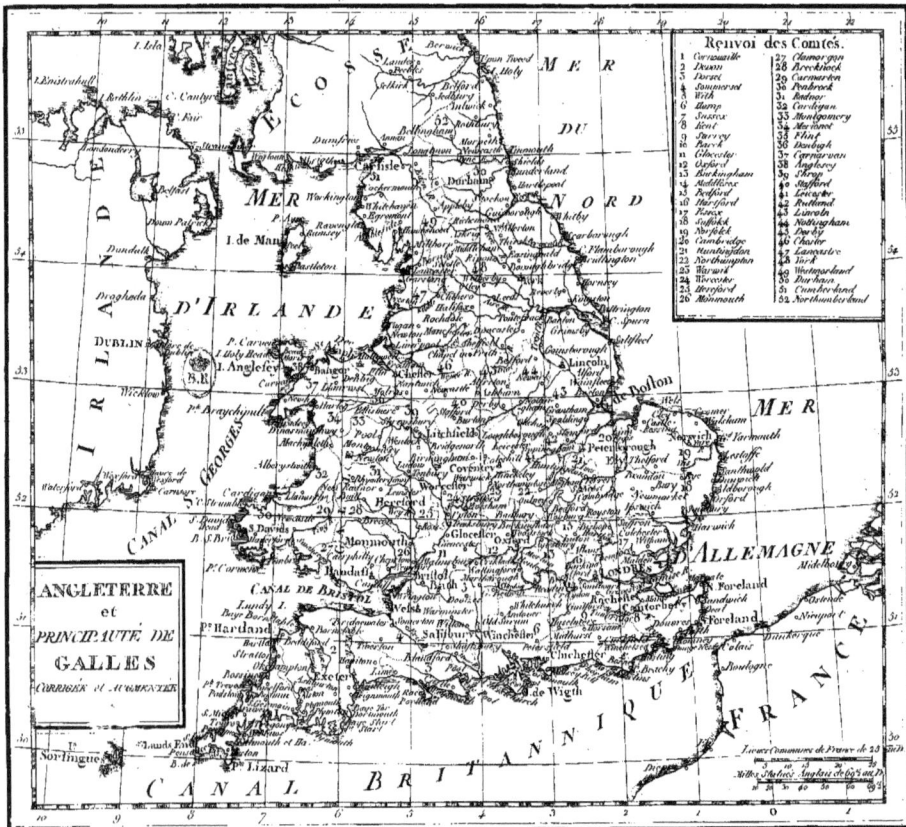

Renvoi des Comtés.

1	Cornouaille	27	Glamorgan
2	Devon	28	Brecknock
3	Dorset	29	Caermarthen
4	Sommerset	30	Penbrock
5	Wilt	31	Radnor
6	Hamp	32	Cardigan
7	Sussex	33	Montgomery
8	Kent	34	Merionet
9	Surrey	35	Flint
10	Bark	36	Denbigh
11	Glocester	37	Carnarvon
12	Oxford	38	Anglesey
13	Buckingham	39	Shrop
14	Middlesex	40	Stafford
15	Bedford	41	Leicester
16	Hartford	42	Rutland
17	Essex	43	Lincoln
18	Suffolk	44	Nottingham
19	Norfolk	45	Derby
20	Cambridge	46	Chester
21	Huntingdon	47	Lancastre
22	Northampton	48	York
23	Warwik	49	Westmoreland
24	Worcester	50	Durham
25	Hereford	51	Cumberland
26	Monmouth	52	Northumberland

ANGLETERRE
et
PRINCIPAUTÉ DE
GALLES
CORRIGÉE et AUGMENTÉE

MER DU NORD

MER D'ECOSSE

MER D'IRLANDE

CANAL St. GEORGES

ALLEMAGNE

FRANCE

CANAL DE BRISTOL

CANAL BRITANNIQUE

DUBLIN

OCEAN SEPTENTRIONAL

OCEAN ATLANTIQUE

OCÉAN BRITANNIQUE

Isles de l'Ouest ou l'Hebrides

Isles Shetland

Renvoi des Provinces.

1	Edimbourg	18	Argyle
2	Haddington	19	Perth
3	Berwick	20	Kinkardin
4	Roxborough	21	Aberdeen
5	Selkirk	22	Invernes
6	Peebles	23	Cromartie
7	Lanark	24	Nairn
8	Dumfries	25	Fife
9	Wigtoun	26	Argus ou Forfar
10	Kirkcudbright	27	Banff
11	Aÿr	28	Sutherland
12	Dumbarton	29	Clackmannan
13	Bute	30	Kinross
14	Caithness	31	Ross
15	Renfrew	32	Murray ou Elgin
16	Stirling	33	Orcades
17	Linlithgow		

ECOSSE

CORRIGÉE et AUGMENTÉE

Milles Ecossais

Milles Anglois de 69 ⅓ au degré

Lieues communes de France de 25 au deg.

IRLANDE.

CORRIGÉE et AUGMENTÉE

Lieues Communes de France de 25 au Degré.

ÉCOSSE

OCEAN ATLANTIQUE

ULSTER

LONDONDERRY

ANTRIM

MONAGHAN

MER D'IRLANDE

Isle de Man

CONNAUGHT

ROSCOMMON

MEATH

WEST MEATH

KILDARE

DUBLIN

Baye de Dublin

Isle d'Anglesey

LEINSTER

QUEEN

WICKLOW

Baye de Cardigan

MUNSTER

LIMERICK

TIPPERARY

KILKENNY

WEXFORD

CORK

KERRY

CANAL ST. GEORGES

GALLES

CANAL DE BRISTOL

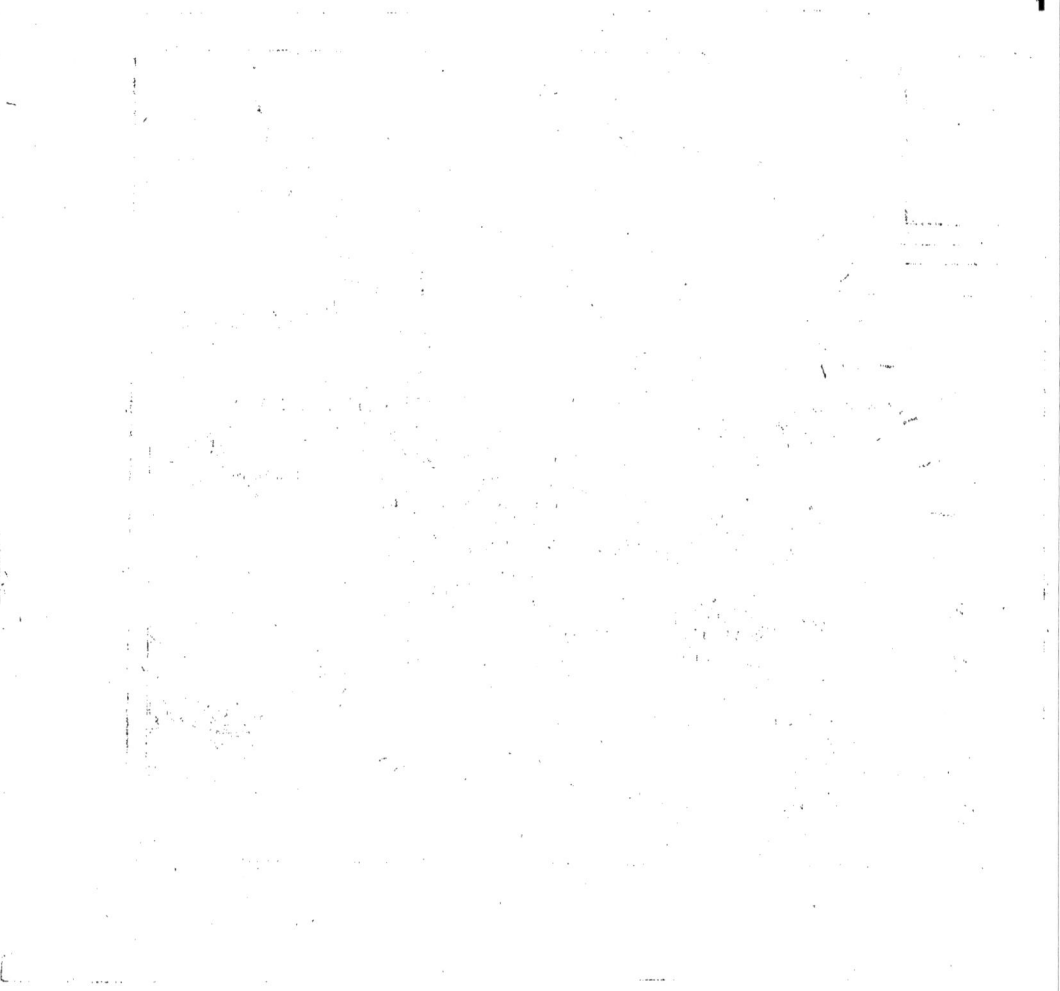

ROYAUME
DES
PAYS-BAS UNIS.

Par Hérisson,
Ingénieur Géographe.
1817.

PROVINCES
DE LA HOLLANDE. DE LA BELGIQUE.

1 Hollande.	1 Flandre Orit.e
2 Zélande.	2 Flandre-Oc.le
3 Brabant-Sept.l	3 Anvers.
4 Utrecht.	4 Hainaut.
5 Gueldre.	5 Brabant-Mér.l
6 Over-Yssel.	6 Liège.
7 Groningue.	7 Limbourg
8 Frise.	8 Namur.
9 Drenthe.	9 Luxembourg.

HANOVRE

GRAND DUCHÉ

FRANCE

MER

Longitude du Méridien de l'Isle de Fer.

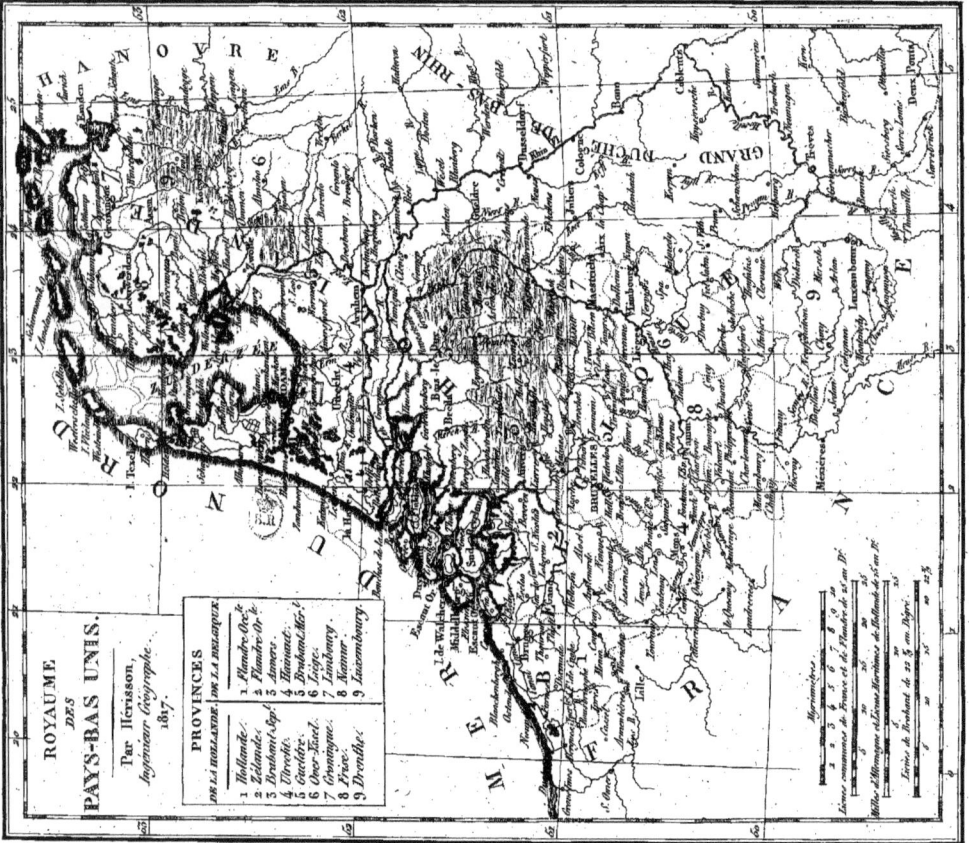

Longitude du Méridien de Paris.

Longitude du Méridien de Paris.

CARTE
DE
FRANCE

Revue, Corrigée et Augmentée
en 1826.

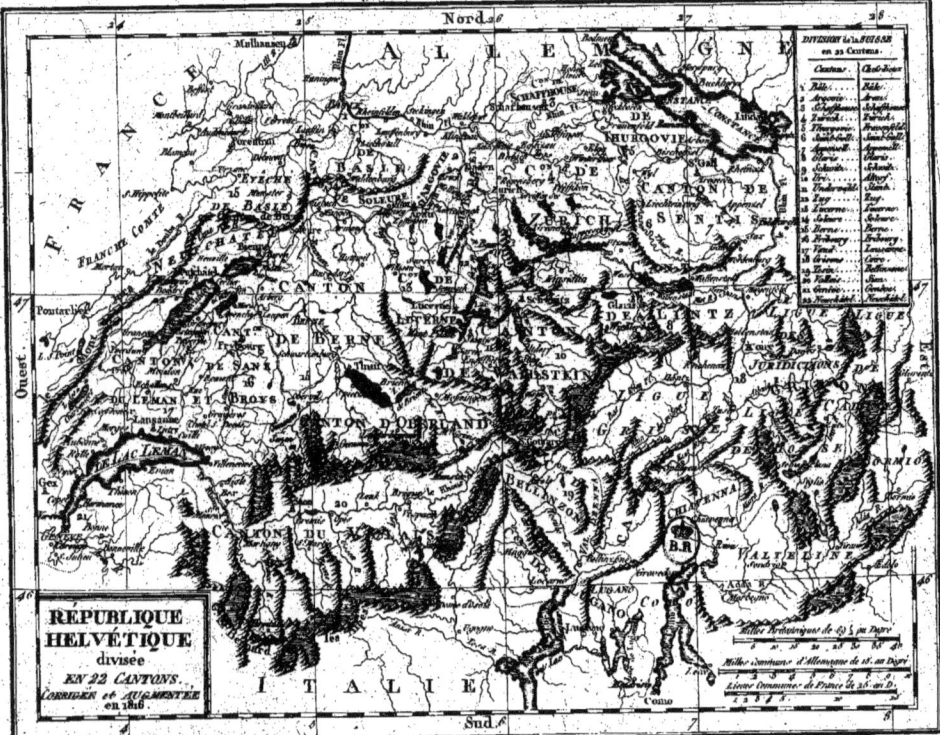

ITALIE,

Par J.B. Poirson Ing.r

Revue Corrigée et Augmentée

en 1816.

MER ADRIATIQUE

GOLFE DE VENISE ou MER ADRIATIQUE

MER THYRRENIEN

MER MÉDITERRANÉE

AFRIQUE

Barbarie

Est.

S. Nord.

S. Ouest.

S. Sud.

Longitude du Méridien de l'Isle de Fer.

Longitude du Méridien de Paris.

BAYE DE BISCAYE

FRANCE

ASTURIE

OCEAN ATLANTIQUE

E S P A G N E

CASTILLE NOUVELLE

I. MINORQUE

I. MAYORQUE

I. YVICA

MÉDITERRANÉE

C. de Palos

C. de Gate

ESPAGNE
ET
PORTUGAL
CORRIGÉS et AUGMENTÉS

MER

AFRIQUE

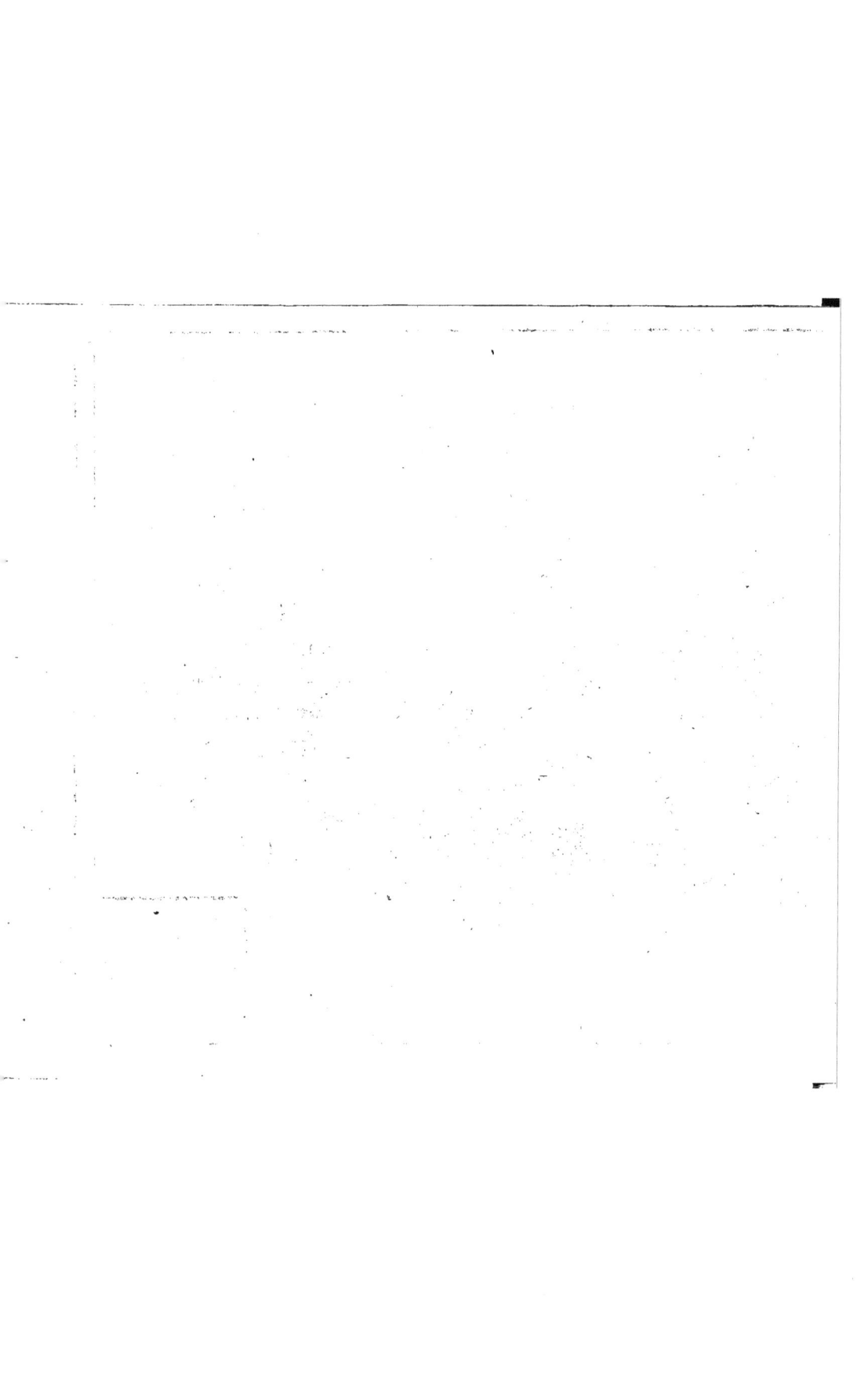

ALLEMAGNE POLOGNE RUSSIE
HONGRIE
TRANSILVANIE MOLDAVIE TARTARIE RUSSIE TARTARIE
BUDSIAC
VALACHIE CRIMÉE MER D'AZOF KUBAN
BOSNIE SERVIE CIRCASSIE
TURQUIE
D'EUROPE BULGARIE MER NOIRE
DALMATIE ROMANIE
ALBANIE
ÉPIRE
THESSALIE NATOLIE
TURQUIE D'ASIE
MER MÉDITERRANÉE

TURQUIE
D'EUROPE
CORRIGÉE et AUGMENTÉE

Milles d'Hongrie de 23 ½ au D.
Milles d'Allemagne de 15 au Deg.
Lieues communes de France de 25 au D.

Gravé par Tardieu, Rue de Bièvre N.° 18.

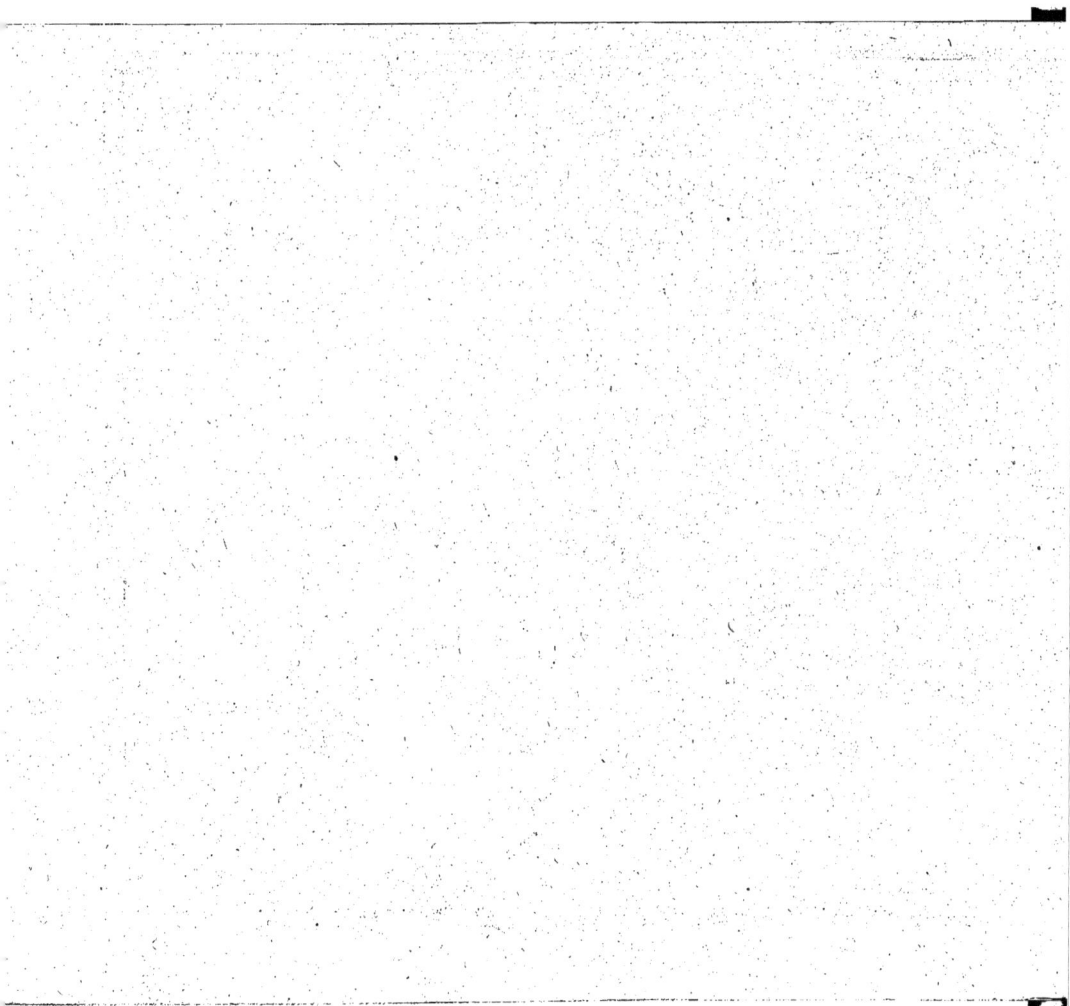

ASIE,
avec les Nouvelles
Divisions.
Corrigée et augmentée

OCÉAN GLACIAL

EUROPE

EMPIRE

DE

RUSSIE

SIBERIE

MER D'ANADIR

MER D'OKOTSK

GRAND OCÉAN ORIENTAL

TATARIE
INDEPENDANTE   PROVINCES REUNIES   L'EMPIRE CHINOIS

Mongouls

Uzbeks

EMPIRE
DES
PERSE

AFGHANS

TIBET

G.ᵈ Tibet

HINDOUSTAN

JAPON

ILES

PHILIPPINES

MER MEDITERRANÉE

MER D'ARABIE

B.R

MER
DES
INDES

GOLFE
DE
BENGALE

TONQUIN

Tropique du Cancer

Carolines I.ˢ

Adel

Agau

CEYLAN

Palawan

Iles

AFRIQUE

Equateur ou Ligne Equinoxiale

MER DE BORNEO

BORNEO

NOUVELLE
GUINÉE

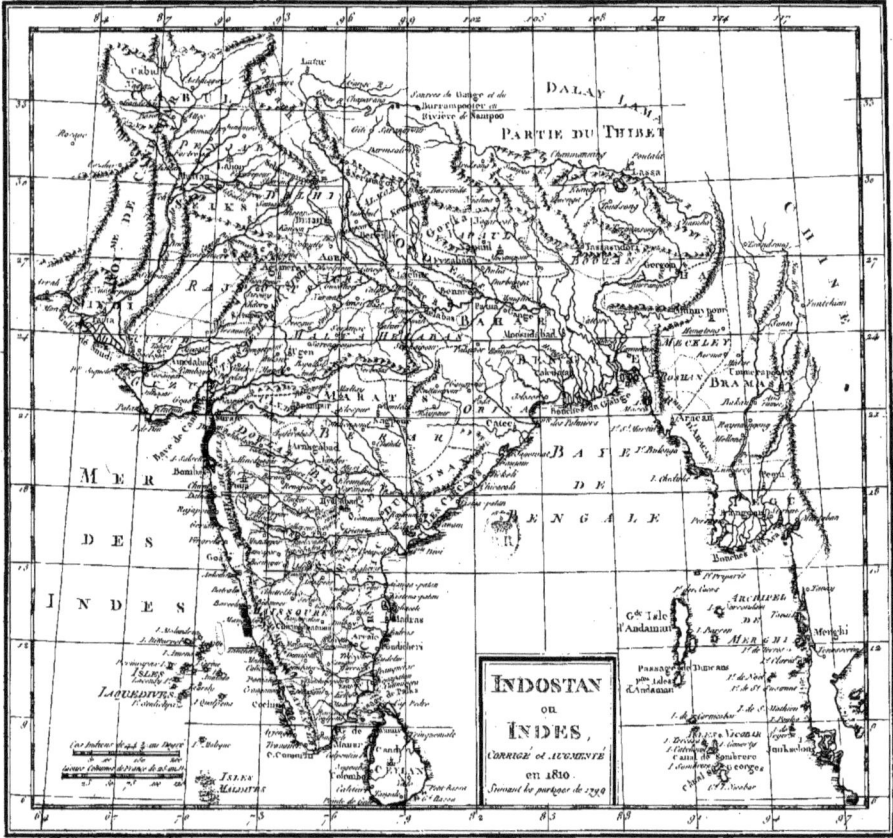

INDOSTAN
ou
INDES,
CORRIGÉ et AUGMENTÉ
en 1810
Suivant les partages de 1749

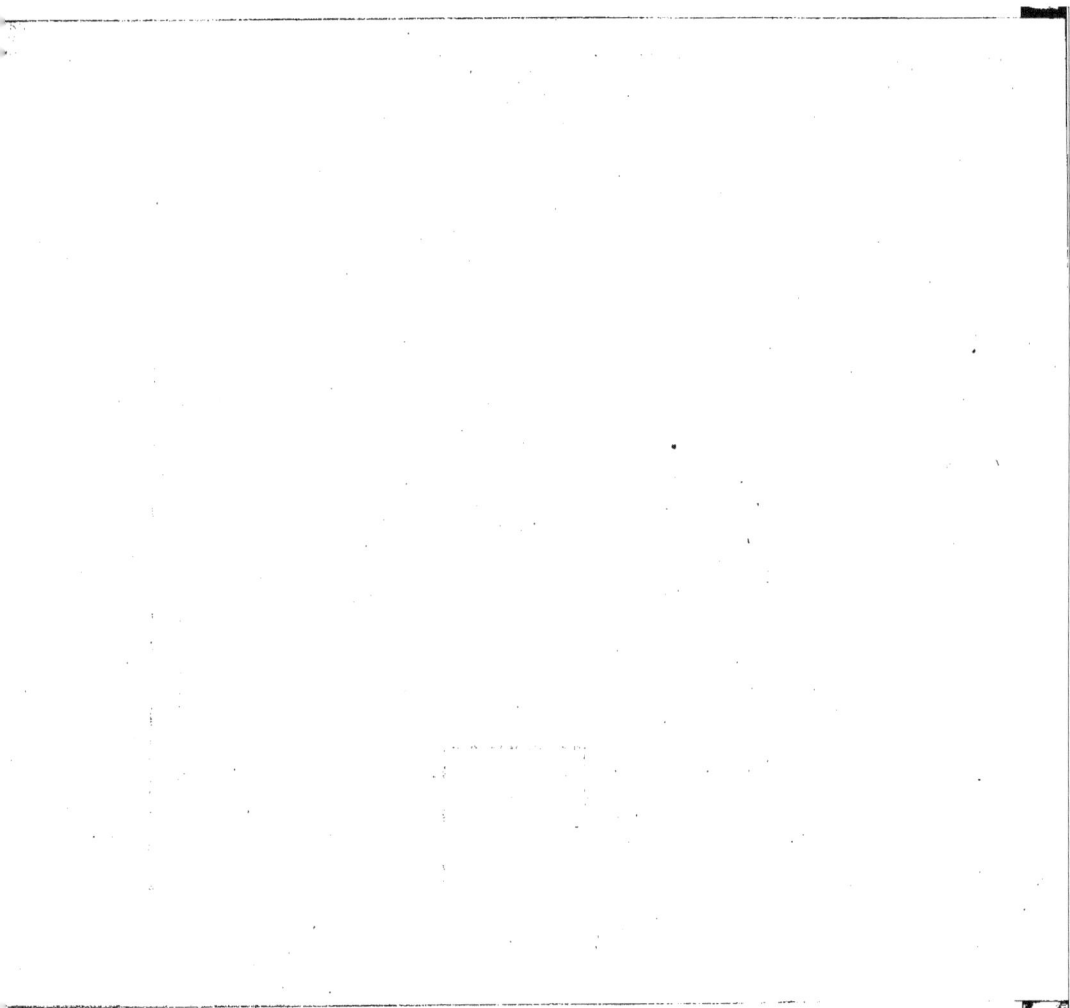

Longitude à l'Ouest. Longitude à l'Est du Méridien de l'Isle de Fer.

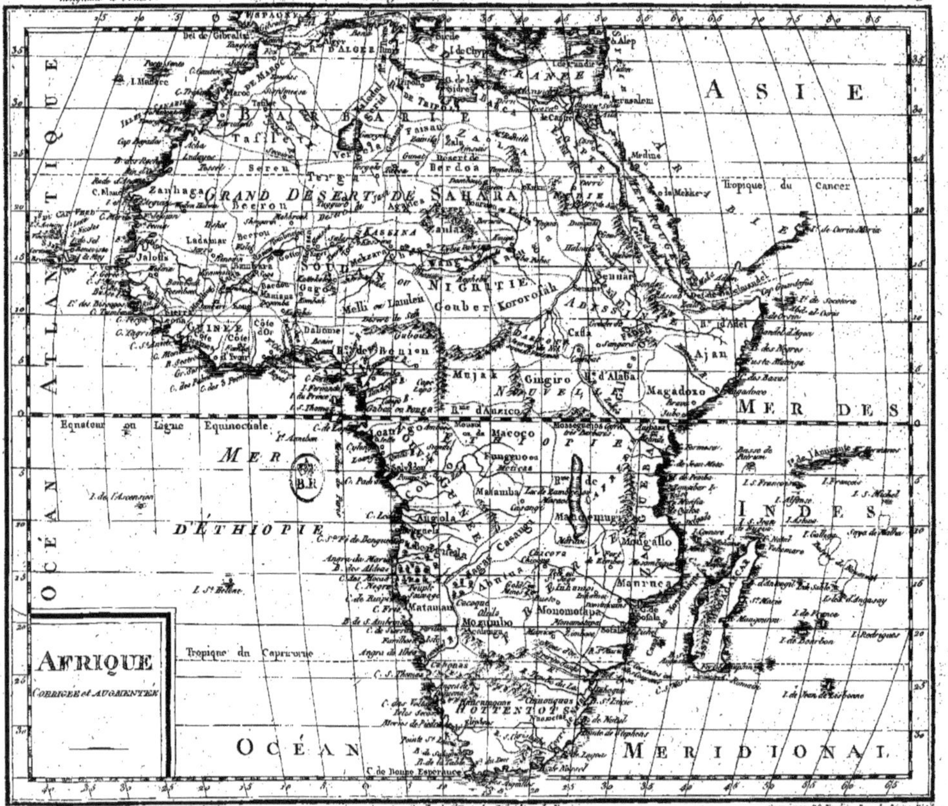

AFRIQUE
CORRIGÉE et AUGMENTÉE
OCÉAN ATLANTIQUE
ASIE
GRAND DESERT DE SAHARA
NIGRITIE
ABISSINIE
MER DES INDES
MER D'ÉTHIOPIE
OCÉAN MERIDIONAL
Tropique du Cancer
Tropique du Capricorne
Equateur ou Ligne Equinoctiale
Monomotapa
Madagascar
HOTTENTOTS
C. de Bonne Esperance

Longitude à l'Ouest. Longitude à l'Est du Méridien de Paris.

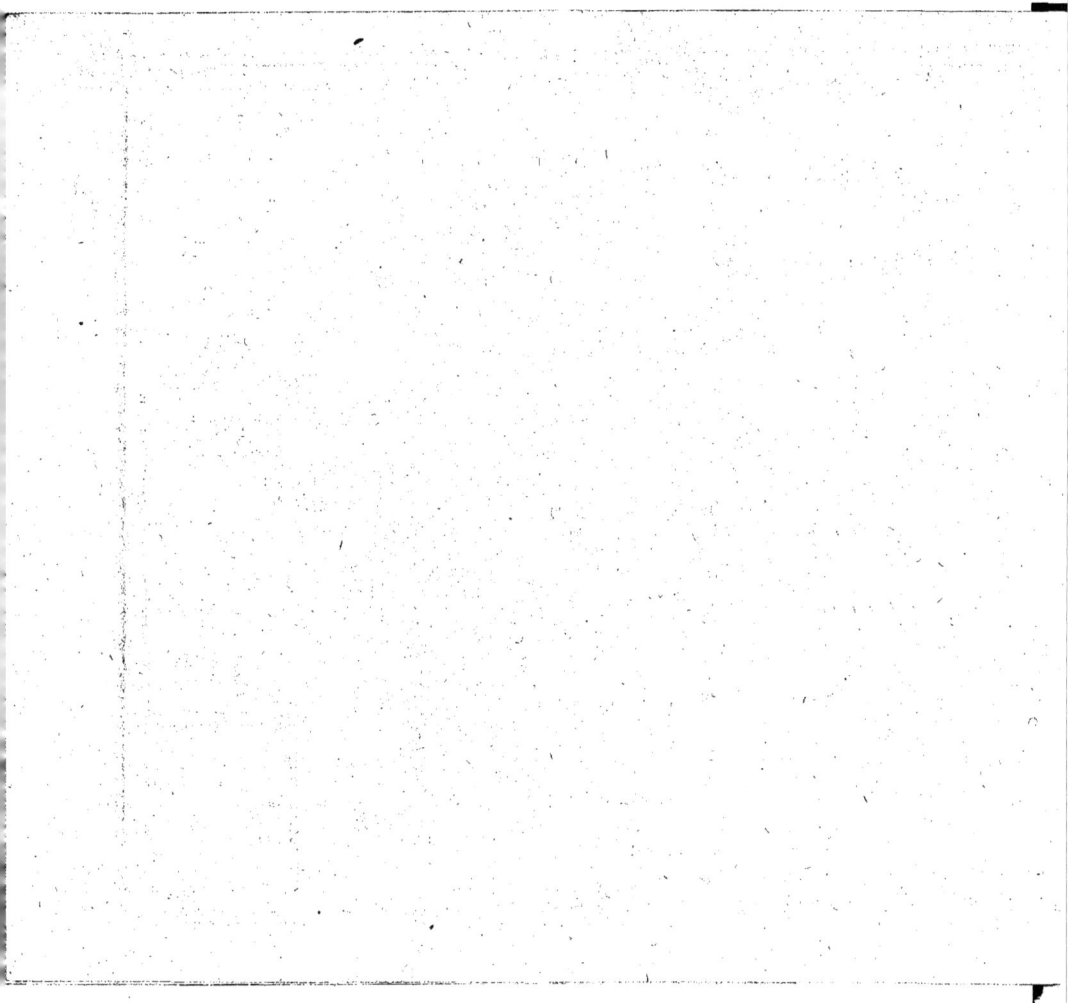

BAYE DE BAFFIN

Esquimaux

BAYE
D'HUDSON

LABRADOR
ou Pays des Esquimaux

Nlle
GALLES
MERIDIONALE

BRETAGNE

CANADA

Nlle ALBION

OCEAN
ATLANTIQUE

LOUISIANE

Missouri

VIRGINIE

CAROLINE Sept.
CAROLINE Merid.
GEORGIE

FLORIDE

MEXIQUE

GOLFE DU
MEXIQUE

Cap Floride

Tropique du Cancer

AMÉRIQUE
SEPTENTRIONALE
CORRIGÉE et AUGMENTÉE
en 1810.

OCÉAN

ATLANTIQUE

MER DES CARAIBES

TERRE FERME

OCÉAN

PACIFIQUE

PAYS DES

AMAZONES

BRÉSIL

OU MER

DU SUD

Tropique du Capricorne

PARAGUAY

CHILI

OCÉAN

MÉRIDIONAL

Equateur ou Ligne Equinoctiale

Isles Gallapagos

AMÉRIQUE
MÉRIDIONALE
CORRIGÉE et AUGMENTÉE
en 1816.

Isles Malouines
ou Falkland

Gravé par B. Tardieu Rue de Bievre N° 18.